Bibliothèque de Philosophie scientifique

DAVID JAYNE HILL

Ancien Ambassadeur des États-Unis à Berlin.

'ÉTAT MODERNE

et

l'Organisation internationale

TRADUCTION FRANÇAISE

DE

Mᵐᵉ EMILE BOUTROUX

PRÉFACE DE M. LOUIS RENAULT

Membre de l'Institut

PARIS

ERNEST FLAMMARION, ÉDITEUR

26, RUE RACINE, 26

L'ÉTAT MODERNE

et

l'Organisation internationale

L'ÉTAT MODERNE

et

l'Organisation internationale

Bibliothèque de Philosophie scienti ue.

DAVID JAYNE HILL

ANCIEN AMBASSADEUR DES ÉTATS-UNIS A BERLIN

L'ÉTAT MODERNE

et

l'Organisation internationale

TRADUCTION FRANÇAISE
DE
Mme ÉMILE BOUTROUX

PRÉFACE DE M. LOUIS RENAULT
MEMBRE DE L'INSTITUT

PARIS

ERNEST FLAMMARION, ÉDITEUR

26, RUE RACINE, 26

1912

PRÉFACE

La deuxième *Conférence de la Paix* m'a donné l'occasion de collaborer avec M. Hill, alors ministre des États-Unis à La Haye et l'un de leurs délégués plénipotentiaires à la Conférence. L'amitié qui est résultée de ce travail commun explique pourquoi j'ai aujourd'hui le grand honneur et la grande satisfaction de présenter au public français le nouvel ouvrage de l'éminent diplomate, qu'une traduction, à la fois élégante et fidèle, met à la portée des personnes trop nombreuses qui ne pourraient le lire dans la langue originale.

Le livre doit son origine à l'une de ces utiles fondations, très nombreuses en Angleterre et aux États-Unis, grâce auxquelles un homme éminent, choisi à raison de sa compétence spéciale, traite en un petit nombre de leçons un sujet particulièrement intéressant à tel ou tel point de vue. L'Université Colombia, de New-York, chargée d'administrer une fondation de ce genre, a eu la main singulièrement heureuse, puisqu'elle a désigné d'abord M. James Bryce, qui a traité *des rapports du droit et de l'histoire*, puis M. David Jayne Hill, qui a étudié *l'État moderne et l'organi-*

sation internationale. Malheureusement M. James
Bryce n'a pas publié ses leçons; le public ne
peut que remercier M. Hill de nous donner les
siennes dans le présent volume qui permet ainsi à
tout le monde de profiter de l'enseignement donné
d'abord à ses auditeurs de New-York.

Dans les huit leçons faites à l'Université de
Colombia et auxquelles correspondent les huit chapitres du livre, M. Hill s'est proposé de faire
l'examen historique et critique des théories de
l'État, de la conception que l'on doit avoir de
l'État moderne et de l'influence qu'exerce cette
conception sur les rapports des États entre eux et
sur l'organisation internationale. Comme il le dit
clairement lui-même dans sa préface, il n'a pas
voulu faire un exposé complet des diverses opinions, présenter lui-même un système approfondi,
mais s'attacher à ce qu'il y a d'essentiel, de
manière à faire bien apparaître le développement
de la conscience juridique chez les nations civilisées, développement qui, après avoir amené la
formation de l'État moderne, doit avoir ses conséquences logiques pour le règlement des rapports
entre les peuples et l'organisation internationale.
Je ne veux pas faire une analyse des différents
chapitres et suivre, après l'auteur, la voie tracée
par lui avec une méthode et une sûreté magistrales.
C'est vraiment tout le problème du droit international qui est abordé dans ce qu'il a d'essentiel.
Je ne saurais trop recommander la lecture et l'étude
approfondie de ce petit volume à tous ceux que
préoccupent les grandes questions soulevées
chaque jour à propos des relations internationales

et des difficultés ou même des conflits qu'amène
naturellement le jeu des intérêts et des passions;
les diplomates, les jurisconsultes, les hommes
politiques y trouveront un égal profit. C'est un
livre *élémentaire* au sens élevé de l'expression, en
ce qu'il dégage nettement ce qu'il y a d'important
dans chaque question ou dans chaque système, en
laissant de côté ce qui n'est qu'accessoire. Pour
faire avec succès un travail de ce genre, il faut
bien dominer son sujet, en avoir approfondi toutes
les parties, en coordonner les différents éléments
de manière que tout converge vers le but visé. Par
sa carrière, par ses études, M. Hill était particulièrement préparé à l'œuvre accomplie par lui. Il
a cultivé la philosophie, l'histoire, il a occupé
d'importants postes diplomatiques, de sorte qu'il
peut traiter avec la même autorité des aspects
variés de son sujet, juridiques, historiques, diplomatiques. Ses exposés substantiels sont le résultat
de réflexions personnelles, de vastes recherches et
d'une expérience acquise dans la pratique des
grandes affaires politiques.

Je ne veux que relever certains points qui ont
attiré particulièrement mon attention.

Je signale d'abord les pages dans lesquelles l'auteur insiste sur les services qu'ont rendus Grotius,
en transportant l'idée de droit dans les relations
internationales, et Suarez dont les idées sur la
Société des États sont, après plusieurs siècles,
encore formulées à peu près dans les mêmes
termes. Je ne résiste pas à la tentation de repro-
duire, après M. Hill, un passage du célèbre
jésuite : « La race humaine, bien que divisée en

peuples et en royaumes divers, possède, non seulement son unité spécifique, mais encore une certaine unité morale et quasi politique que l'on
découvre dans les préceptes naturels d'amour et
de sympathie réciproques, qui s'étendent à tous,
même aux étrangers. Donc, bien que tout État,
république ou royaume, soit en lui-même une
communauté parfaite, composée de ses propres
membres, il n'en est pas moins vrai que chacun
de ces États, considéré dans ses rapports avec la
race humaine, fait, en quelque sorte, partie d'une
unité universelle. Car jamais les communautés ne
se suffisent assez, dans leur isolement, pour pouvoir se passer d'aide mutuelle, de société et de
communion avec d'autres, en ce qui concerne
l'amélioration de leur condition et leur progrès
matériel, quelquefois même la satisfaction de leurs
besoins moraux. Tel est l'enseignement de l'expérience. Pour cette raison, il leur est indispensable
d'avoir une loi qui les dirige et les mette à leur
lace dans cette espèce de communion ou de
ociété. » C'est là tout le fondement du droit inter-
ational et le développement de la brève formule
le Cicéron : *ubi societas, ibi jus.* Et, à ce propos, je
emarque combien il y a vraiment peu d'idées nou-
elles. Celles auxquelles nous tenons particu-
'èrement comme caractéristiques de notre temps,
c ses tendances, ont été depuis longtemps
xprimées, souvent sous une forme très analogue
la nôtre. Ce qui importe, c'est que ces idées, ces
rmules soient généralement acceptées, de
anière à devenir des lieux communs. Cette
nception de la *société des nations*, si essentielle,
féconde en résultats utiles, a été reprise,

exprimée par de nombreux auteurs, avec des développements nouveaux, avant d'être universellement acceptée et de trouver sa manifestation dans les Conférences de La Haye. Il m'est agréable de rapprocher ici un passage d'un discours d'un homme d'État qui a joué un rôle prépondérant dans les deux C ,érences de la Paix : « Le but de la Conférence de La Haye est l'organisation juridique de la vie internationale, la formation d'une — *société de droit entre les nations*. Pour que cette société pût naître et pût vivre, il fallait réunir les conditions suivantes : 1° le consentement universel des États à l'établissement d'un système juridique international ; 2° l'acceptation par tous d'une même conception du droit commun à tous, d'un même lien entre grands et petits, tous égaux dans le consentement et dans la responsabilité ; 3° l'application précise et détaillée de ces principes, successivement à tous les domaines des relations internationales, domaine de la paix comme de la guerre... »[1]. Je suis heureux de constater l'accord du diplomate américain et de l'homme d'État français sur le caractère de la société des États et d'ajouter que tout cela était en germe dans l'ouvrage du jésuite portugais du XVIᵉ siècle. J'ai parfois entendu parler avec dédain des résolutions des Conférences de la Paix en ce qu'elles n'étaient guère originales, qu'on les trouverait déjà plus ou moins identiques dans les ouvrages des auteurs ou dans des conventions particulières. C'était un bien faux point de vue. Les Conférences internationales ne font une œuvre utile et durable qu'autant qu'elles

1. LÉON BOURGEOIS. *Pour la société des nations*, 1 vol. 1910.

se proposent moins d'innover que d'exprimer ce qui est déjà dans la conscience générale et qui manque surtout d'une constatation non équivoque; elles impriment leur empreinte sur le métal qui existait déjà et qui, désormais, circulera avec plus de facilité.

J'aurais bien des passages à signaler comme ceux qui caractérisent la fonction du diplomate envisagée autrefois et aujourd'hui, le rôle de la jurisprudence en diplomatie, l'autorité du droit international. On lira les sages conseils, inspirés par un esprit de justice et de modération, que M. Hill adresse aux gouvernements pour leur conduite à l'intérieur et à l'extérieur, à l'égard des nationaux comme des étrangers. Les problèmes angoissants de l'heure présente, au point de vue de la sécurité des relations internationales, de la paix et de la guerre, sont examinés avec simplicité, sans aucune déclamation. Sans se dissimuler les défectuosités de l'état de choses actuel et les obstacles à vaincre pour y remédier, M. Hill est un optimiste comme il convient. L'étude de l'histoire, la pratique de la diplomatie lui ont appris la nécessité de la patience, la lenteur du progrès, la fréquence des retours en arrière; il espère donc que le mouvement qui s'est produit dans le sens d'une organisation internationale répondant aux idées de justice ira en s'accentuant. On ne peut qu'être favorablement impressionné par la conviction d'un homme aussi compétent. En présence de certains événements qui se produisent aussi bien à l'intérieur qu'à l'extérieur, on a besoin de garder son sang-froid pour ne pas désespérer du respect du droit, et ce n'est peut-être pas le droit international qui est le plus compromis.

Le titre du dernier chapitre est particulièrement suggestif : *L'État comme personne justiciable.* Il s'agit d'un complément indispensable de l'idée de la société des États; si cette société a des lois communes, encore faut-il qu'il y ait une juridiction chargée de les appliquer. C'est certainement un progrès réalisé de nos jours que les États, et même les plus grands, ne refusent pas de soumettre certains de leurs différends, parfois très graves, à un tribunal et tiennent à honneur de se conformer strictement aux sentences rendues. A ce propos, M. Hill fait remarquer avec raison l'attitude très différente des deux Conférences de la Paix en ce qui touche la manière d'envisager l'arbitrage : le point de vue politique et diplomatique dominait en 1899, le point de vue juridique en 1907. M. Hill cite le débat qui s'est élevé en 1899 au sujet de la possibilité du recours en revision contre une sentence arbitrale; je puis ajouter, dans le même sens, un souvenir personnel. Ce n'est pas du premier coup que l'on a fait admettre la nécessité de motiver les sentences arbitrales. Évidemment, il est plus aisé de dire que tel ou tel a raison ou a tort sans expliquer pourquoi; c'est comme cela qu'ont souvent procédé autrefois les souverains choisis comme arbitres; ils étaient ainsi plus libres de tenir compte de considérations politiques dans l'appréciation du litige. C'est précisément pour neutraliser, dans la mesure du possible, l'influence de pareilles considérations, que des motifs sont indispensables. L'arbitrage international progressera d'autant plus et sera d'autant mieux accepté par l'opinion publique qu'il sortira davantage du domaine politique pour entrer dans le domaine judiciaire.

C'est à cette seule condition qu'il inspirera confiance aux gouvernements et aux peuples, qu'il
offrira des garanties surtout aux petits états trop
souvent exposés à être victimes d'influences politiques.

Est-ce à dire que l'on peut avoir assez confiance
dans la pratique de l'arbitrage pour compter
qu'elle suffira pour régler les conflits internationaux de telle sorte que les États peuvent se
relâcher dans leur vigilance pour défendre leurs
intérêts, au besoin par la force? Personne de
sensé ne peut avoir une pareille idée. Le droit a
besoin de la force. M. Hill y insiste en même
temps qu'il fait un bel éloge de la valeur militaire.
Habituons-nous à nous respecter les uns les autres
à l'intérieur du pays, d'abord; cela nous amènera
à respecter les autres peuples. Abandonnons ces
procédés violents qui se généralisent de plus en
plus dans toutes les relations et que pratiquent
même ceux qui, par leur éducation, par leurs
études, sembleraient devoir le mieux respecter la
règle, et un grand progrès sera fait pour la pacification générale. La lecture de l'ouvrage de M. Hill
est réconfortante en ce qu'elle nous montre la
nécessité du respect du droit qui, suivant lui, est
le critérium de la civilisation d'un pays: c'est
pourquoi je le recommande encore comme particulièrement utile dans le temps où nous vivons.

LOUIS RENAULT.

L'ÉTAT MODERNE

et

l'Organisation internationale

CHAPITRE I

L'ÉTAT COMME INCARNATION DU DROIT

Premières aspirations vers le règne du droit. — Le droit
inhérent à la société. — Lois naturelles, morales, juridiques. — L'État moderne comme principal champion
du droit. — Organisation progressive de la force par le
droit. — Danger que présente l'omnipotence de l'État. —
Prétention de l'État à primer le droit. — L'état d'anarchie
internationale. — Genèse et développement de l'État. —
Théorie de l'absolutisme chez Machiavel. — Conception de
la souveraineté chez Bodin. — Place de l'État dans l'ordre
juridique.

Étalons devant nous la carte de l'Europe et celle
de l'Afrique et supposons que nous devions voyager sans escorte, d'abord dans l'une et ensuite dans
l'autre de ces deux parties du monde. Nous ne
saurions nous dissimuler que nos préparatifs
devront être, dans l'un et l'autre cas, assez différents. Nous pourrions voyager d'un bout à l'autre
de l'Europe sans nous munir d'aucun moyen de

1

défense, tandis que nous oserions à peine nous aventurer à l'intérieur de l'Afrique sans être bien approvisionnés d'armes et de munitions.

Cette différence dans notre équipement personnel s'expliquerait par la différence des conditions sociales où nous nous trouverions placés. En Europe, nous serions dans un pays où l'État a acquis un haut degré de perfection : en Afrique, nous nous trouverions, une grande partie du temps, parmi des tribus primitives chez qui l'État ou n'existe pas du tout ou n'existe que sous une forme très rudimentaire. En Europe, la justice est ainsi organisée que nous jouirions partout de la protection de la loi : dans certaines parties de l'Afrique, nous serions forcés de protéger nous-même notre vie et notre propriété contre les attaques des sauvages.

Par « organisation internationale » nous entendons l'action des gouvernements, s'unissant pour la défense des principes de la justice, de manière que ceux-ci soient appliqués, non seulement à l'intérieur de chaque État, mais encore dans les rapports des États entre eux.

Il semble qu'il y ait, dans la nature de l'État constitutionnel moderne, des raisons nouvelles et jusqu'ici méconnues de croire que certaines forces sociales très puissantes, qui jadis travaillaient isolément, sont en train de devenir assez solidaires

les unes des autres pour aboutir à l'unité d'action.
Car il faut bien remarquer que le problème de
l'organisation internationale n'est nouveau que
pris dans son extension la plus large, mais que les
conditions dans lesquelles il se pose ne sont pas
nouvelles. Il consiste, en fait, simplement à chercher comment, à l'avenir, devront se développer et
se coordonner ces formes du progrès qui ont marqué jusqu'ici une amélioration de l'ordre public
dans le monde. Et nous pourrions peut-être rame-
ner complètement ce problème à celui de l'évolution sociale en général, considérée au point de
vue de la jurisprudence.

Premières aspirations vers le règne du droit.

Lorsque nous portons notre attention sur ces
pays que nous appelons civilisés et où règne maintenant la sécurité publique, nous observons que ce
résultat n'a été obtenu qu'après une longue évolution. Si nous examinons la question à la lumière
de l'histoire, nous sommes frappés par ce fait que
le règne du droit, et, par suite, l'établissement de
l'ordre public, ont été au nombre des plus anciennes
et des plus persistantes aspirations de l'humanité.
Trompées à maintes reprises dans leur espoir de
créer un état permanent de sécurité, les générations successives sont revenues à cette tâche avec

une nouvelle ardeur; et il est permis de dire que
la réalisation de cet idéal a été la plus noble
de toutes les entreprises qui aient, à un moment
quelconque, contribué au progrès de la civilisation.

Il n'est pas nécessaire, pour l'objet que nous
nous proposons, de passer en revue, même brièvement, les efforts qui ont été faits pour réaliser cet
idéal. Les Grecs cherchèrent à l'incarner dans des
cités indépendantes plus ou moins étroitement
associées les unes avec les autres. Les Romains,
de leur côté, tentèrent de lui donner plus d'extension en le réalisant sous la forme d'un Empire
universel. Les luttes qui résultèrent de cette dernière tentative, tant au point de vue spirituel qu'au
point de vue politique, furent, pendant plus de
mille ans, le principal drame de l'histoire européenne; et il en reste encore des traces sur toute
la surface du globe.

Les postulats de l'idée d'Empire, telle que l'ont
conçue les Romains, n'ont jamais cessé et ne ces-
seront peut-être jamais de s'imposer à l'acquiesce-
ment de tout esprit éclairé. L'unité essentielle du
genre humain, la suprématie de la loi fondée sur
la raison, la solidarité de tous les intérêts humains
et l'organisation effective de la paix comme condition du bonheur de l'humanité : voilà quelques-
nes des magnifiques conceptions qui dominèrent

l'esprit de Rome et qui imprimèrent une si profonde dignité à l'idée d'Empire universel.

Cette magistrale théorie d'une loi uniforme et d'une administration centrale rencontra, dans la pratique, de nombreux obstacles : les passions, les ambitions et les rivalités des chefs ; la diversité des races ; l'esprit d'indépendance locale ; les limites imposées, en fait, par le temps et l'espace au contrôle central, et le conflit entre l'autorité temporelle et l'autorité spirituelle. En sorte que toute espèce d'autorité universelle était vaincue d'avance et que le droit universel, fondé uniquement sur la raison abstraite, essentiellement formelle, impersonnelle et logique de sa nature, devait nécessairement reculer devant les passions, l'intérêt, les ambitions, les idées particularistes, favorisés par les circonstances locales.

Si l'idée impérialiste avait triomphé, le problème de l'organisation du monde ne se poserait pas. L'humanité serait partout placée sous la même loi et soumise à la même autorité. Mais l'idée impérialiste a échoué en fait : elle doit donc être abandonnée. Il ne s'ensuit pas que les postulats du système fussent faux. Nous pouvons seulement en conclure qu'ils ont été mal appliqués, et il est facile de voir en quoi cette application a été vicieuse. La raison, bien commun de toute l'humanité, n'est pas le monopole d'un seul homme

1.

ou d'un seul peuple. Comme elle est la propriété de tous, les manifestations doivent en être cherchées dans la conscience et dans l'expérience de tous, et le contenu n'en peut être connu dans toute sa richesse qu'à travers la diversité de ses révélations.

Le droit inhérent à la société.

Ce n'est pas la raison abstraite qui fournit les bases de la loi et les fondements de l'ordre public tel qu'il existe. C'est bien plutôt la raison, dans ses manifestations concrètes, dans ses applications spécifiques, en tant que guide de la vie pratique dans toute son étendue. C'est d'une telle interprétation du fait de l'autorité qu'est issue l'idée de l'État moderne, laquelle diffère de l'idée impérialiste. Le propre de l'État moderne est d'être primitivement un gouvernement local, concret, déterminé par l'expérience. Il naît des besoins actuels des hommes. Au lieu de recevoir la loi de quelque source extérieure, telle que la doctrine d'un philosophe, ou une autorité se donnant comme divine, ou la volonté d'un César, l'homme l'accepte comme une nécessité inhérente à sa nature et à ses besoins sociaux. Tout individu humain est en contact avec la nature. Il est un enfant, une incarnation de la nature. Il est formé de ses éléments, doué de ses énergies, dirigé par ses lois. Il ne peut se séparer d'elle, car la nature est le grand créateur du droit. Il est forcé de tirer sa nourriture du sol de la terre, de respirer l'atmosphère; il doit se garantir contre le changement des saisons, sans quoi il ne peut exister. Il est lié de la même manière à l'espèce à laquelle il appartient. C'est un anneau dans une chaîne : derrière lui sont des ancêtres et une postérité le suivra. Il est également partie d'un groupe : frère et sœur, compagnon et voisin, ami ou ennemi. Il ne peut jamais dépouiller entièrement cette solidarité. Pour lui, l'isolement c'est la mort, et son existence entière dépend de sa relation vivante avec les hommes qui l'entôurent.

Qu'est-ce donc qui résulte de ces relations nécessaires? L'individu doit, d'une manière ou d'une autre, vivre en conformité avec ces conditions naturelles et sociales. Il doit en extraire ses ressources et donner en échange une partie de sa réserve de forces et de richesses. En tant qu'il ne peut exister que s'il reçoit, il a des *droits*, des revendications personnelles en vue de son existence et de son propre développement. En tant qu'il doit nécessairement donner quelque chose en retour, il a des *devoirs*, des obligations à remplir. Ces deux faces opposées de la relation de personne à personne sont unies par un lien que l'on ne saurait briser sans répudier la raison pratique. Ce n'est pas un lien matériel : un homme peut recevoir toujours et ne donner jamais, si la communauté lui permet d'agir ainsi. Mais il y a un lien rationnel : si l'homme peut prouver qu'il doit recevoir, il prouve en même temps qu'il doit rendre s'il en est capable. En résumé, s'il doit recevoir, il doit aussi apporter sa contribution. Les droits et les devoirs ne sont que les termes opposés de la même relation, les propriétés essentielles de la personnalité.

Il suit de là que, partout où il existe une société, il existe un droit, c'est-à-dire des règles générales de conduite d'après lesquelles les droits et les devoirs peuvent être déterminés et organisés. Et nous sommes forcés de faire ici une distinction minutieuse; car, parmi tous les concepts humains, il n'en est peut-être pas un qui soit plus sujet à de perpétuelles confusions et plus fertile en erreurs que l'idée de droit.

Lois naturelles, morales et juridiques.

Il peut être utile, par conséquent, de rappeler clairement la différence qui existe entre ces trois classes de lois, entièrement distinctes, qui n'ont d'autre qualité commune que de se rapporter à la conduite humaine, bien qu'elles soient toutes désignées par le même mot.

1. Les phénomènes de la nature se produisent conformément à certains types de succession invariables ou aux formules universelles de causalité et de coexistence. Ces types sont des lois *naturelles* au sens propre du mot, dont nous pouvons tenir compte ou ne pas tenir compte, mais que nous ne pouvons jamais proprement violer; car elles ne sauraient être modifiées par notre conduite, laquelle ne change rien dans la nature, bien qu'elle puisse déterminer ce qui nous arrivera. Ces formules générales expriment les conditions de l'existence : telle, par exemple, la loi de la gravitation que nous ne pouvons enfreindre sans danger pour nos corps. Toute notre existence est subordonnée à des lois de cette espèce, et, si nous les étudions avec intérêt, c'est que nous pensons pouvoir en déduire les conditions dont notre vie dépend.

2. Dans les relations des hommes entre eux, il y a certaines règles de conduite, non toujours observées, il est vrai, qui exercent sur l'harmonie de notre existence et sur notre sentiment du devoir une influence considérable; et nous nous rendons compte qu'imposées ou non par la force, ces règles ont droit à notre respect et à notre obéissance. Elles ont trait, non seulement à nos actes extérieurs, mais aussi à nos dispositions d'esprit et de cœur; elles prétendent ainsi à la direction de notre vie intérieure et nous apprennent à dis-

tinguer la vertu d'avec le vice. Ce sont les lois
morales, ayant leur origine dans le fond même de
la nature humaine; mais ce ne sont pas des géné-
ralisations de faits comme sont les lois naturelles
que nous venons de définir. Ce sont plutôt des direc-
tions de conduite, impératives en tant que préceptes, mais non coercitives en fait. Elles servent
de guide à notre développement individuel et
social et nous indiquent la voie qui mène à la
noblesse du caractère et aux plus belles harmonies
de l'association humaine. Ces lois nous disent :
« Tu ne dois pas convoiter les biens de ton prochain », « tu ne dois pas porter de faux témoignage
contre ton prochain »; ou, sous une forme plus
positive : « Tu dois aimer ton prochain comme
toi-même. » Elles embrassent tout le champ de la
conduite humaine, y compris ses principes, qui
résident dans la disposition intérieure et la tendance profonde aussi bien que dans l'intention.
L'obéissance ou la désobéissance sont laissées à
notre choix, mais elles ne sont pas toujours sans
conséquences, bien que ces conséquences ne prennent pas nécessairement la forme de pénalités
externes. La pluie tombe également sur le juste et
sur l'injuste; néanmoins la justice, la charité, la
sincérité, la tolérance et toutes les autres vertus
portent leurs fruits. Ces conséquences se produisent
en nous selon des lois naturelles et rigides; elles

modifient notre caractère et déterminent notre
destinée, nous laissant, dans un cas, élevés et
ennoblis, dans l'autre, abaissés et dégradés. Elles
nous révèlent quelle est notre place véritable et
légitime dans l'échelle des êtres, étant donné les
traits dominants de notre nature et de nos actes.

3. Il existe une autre classe de règles de conduite, moins générales et plus restreintes que les
lois morales, mais plus définies encore dans leur
expression. Il existe certaines formules d'action et
d'abstention, si indispensables au bien de la
société, qu'il est nécessaire de les garantir pour
assurer l'existence et la sécurité publiques. Aucune
forme d'association humaine, fût-ce la plus théo-
cratique, ne peut imposer sa loi au code moral
tout entier, pour cette raison que les dispositions et les intentions, auxquelles s'appliquent les
lois morales, sont inaccessibles à toute espèce de
contrainte extérieure. Mais il est certains droits et
certains devoirs, si manifestement essentiels à
l'existence et au développement de l'individu et de
la communauté, qu'ils doivent être reconnus en
quelque mesure par toute espèce de société; et
ces droits et ces devoirs doivent être sanctionnés
par l'autorité publique. Les règles répondant à ce
besoin, lequel, d'ailleurs, varie avec le degré de
complexité sociale, garantissant les droits essentiels de la personne et de la propriété et ayant

pour sanction des peines déterminées, peuvent être appelées lois *juridiques*. Si les hommes obéissaient universellement et sans réserve aux préceptes de la loi morale, les lois juridiques seraient superflues; mais les sociétés humaines n'ont jamais pu se fier entièrement au bon vouloir de leurs membres et se dispenser de leur imposer des règles impératives de conduite, entraînant une punition dans le cas où elles ne seraient pas respectées. Ces lois peuvent consister dans des coutumes non constatées, dans des décrets rendus par un souverain ou dans des statuts imposés par la volonté du peuple pour assurer sa propre conservation. Mais, sous quelque forme que ce soit, les lois juridiques, de même que les lois morales, existent partout où il y a une société. En dehors des traditions, des théories ou des systèmes, elles prennent naissance spontanément et fatalement, parce que, sans elles, les droits de l'humanité, qui sont l'élément vital de l'existence humaine, ne jouiraient d'aucune sécurité.

L'État moderne comme incarnation et principal champion du droit.

Il semble parfois que la faillite de l'idée impérialiste ait été plus que compensée par ce fait que les hommes, sur tant de terrains divers, ont été

forcés de revenir aux conditions naturelles de la
société et qu'ils ont été pour ainsi dire poussés,
par l'exercice de leurs propres facultés, à élaborer
le problème de leur protection légale d'après leurs
besoins particuliers. Au lieu d'être traînées en
esclaves derrière le char impérial, ou placées sous
le joug d'une loi universelle, conçue comme une
déduction du droit abstrait, les nations se sont
montrées capables de se construire à elles-mêmes
leurs propres conceptions juridiques et d'atteindre
ainsi à un terrain légal commun, chacune, certes, à
sa manière, mais toutes avec un sens profond de
la réalité de l'idée de droit.

Sans doute, le droit romain, dont les conquêtes
furent beaucoup plus étendues et beaucoup plus
durables que celles des légions romaines, a exercé
une puissante influence sur l'ensemble de l'Europe
continentale, et même bien au delà de ses limites;
mais cette influence est due à la solidité intrinsèque
de la conception romaine du droit, bien plutôt
qu'à quelque circonstance extérieure.

En conséquence, l'État moderne, malgré l'unité
invincible que Rome, à travers ses institutions, a
imprimée sur l'ensemble de la civilisation, est
essentiellement une institution locale. Par là, il
a l'avantage d'être profondément enraciné dans le
sol particulier d'où il est sorti; et il ne peut être
considéré nulle part, au moins en Europe, comme

2

une importation. Quel qu'il soit dans sa structure complexe, et indubitablement il contient des éléments exotiques, il n'est pas un système imposé par la conquête ou par un raisonnement abstrait. Il est essentiellement territorial. Il peut répandre son administration sur toute l'étendue d'un continent et gouverner par ses lois la vie de vingtaines de millions d'hommes; mais il n'en laisse pas moins subsister une juridiction locale, interprétant les besoins d'une population particulière. Et, quelque éloignées du centre que soient ses limites, il a des frontières définies, au delà desquelles il existe d'autres États, de caractère également local, également indépendants, et n'ayant entre eux aucun lien organique permanent. Ils sont aussi complètement séparés les uns des autres et aussi complètement autonomes que le seraient des planètes, n'ayant d'autre principe d'union que la coexistence dans l'espace.

Mais, si nous nous demandons quel est le caractère commun de tous ces États, nous trouvons que ce caractère consiste dans leur conscience juridique, dans leur résolution d'améliorer par leurs lois leur condition d'existence. Et si nous nous interrogeons sur ce qu'il y a en eux de plus moderne, et sur ce qui distingue le plus fortement leur présent de leur passé, nous trouvons encore que c'est leur conscience juridique. L'État moderne est devenu,

par son propre développement interne, l'incarnation et le principal représentant de la loi juridique
en tant que garante des droits de l'humanité.

Ainsi conçu, l'État a droit à notre plus grand
respect et à notre plus entier loyalisme, parce qu'il
est la première des institutions humaines. Il est
devant nous comme l'incarnation de la justice, ou
de la justice la plus approximative que nos moyens
bornés nous permettent d'atteindre. Il vise, en
harmonie avec les conditions naturelles de la vie
humaine telles qu'elles nous sont révélées par la
science, à traduire peu à peu dans le langage juridique tout ce qui, de la loi morale, est compatible
avec la liberté individuelle ; et il ne restreint cette
liberté que là où l'exercice en devient nuisible à
autrui. Théoriquement au moins, l'État nous offre
la plus solide citadelle où nous puissions abriter
nos droits et le moyen le plus sûr de réaliser
notre idéal de parfaite équité. S'il est imparfait,
c'est parce que nous-mêmes, qui dirigeons nos
destinées, sommes imparfaits. Il peut, dans
certains cas, incarner les meilleures pensées et les
plus nobles résolutions de la race humaine.

Nous arrivons donc, si nous considérons la
nature de l'État, à cette conviction que, par son
intermédiaire, nous pourrons trouver la solution
du problème de l'organisation du monde, lequel
nous était apparu tout d'abord comme complè-

tement en dehors de la portée des forces humaines. Certes, si cette entreprise est appelée à réussir, elle aura l'État pour instrument; ou plutôt elle s'accomplira par l'action combinée de tous les États civilisés, unissant leurs forces sous l'influence de leur sagesse collective.

Organisation progressive de la force par le droit.

Nous devons, tout d'abord, reconnaître que sur une grande partie de la surface de la terre, sur tous les continents et dans les principaux groupes d'îles, l'État est solidement établi; et que la loi juridique, avec tous ses moyens de protection matérielle, est, dès maintenant, prépondérante. Ce n'est pas tout. Grâce aux efforts combinés des nations civilisées, la piraterie a disparu des mers et des océans, et les progrès du commerce et de la colonisation, placés sous la sauvegarde gouvernementale, n'ont laissé subsister que de bien petits espaces où il soit encore, pour des hommes civilisés, dangereux de s'aventurer.

Ces progrès ont été rendus possibles par l'armement effectif des pouvoirs publics responsables, et spécialement par la mobilité de leurs moyens de coercition résultant du développement de la marine moderne.

Considéré de ce point de vue, l'immense avantage qu'il y a à pouvoir protéger la vie et la propriété et imposer le respect des droits et des intérêts dans des régions où l'État n'a pas d'autorité établie, justifie pleinement les efforts que l'on fait pour dominer la mer. Lorsqu'il s'agit d'un moyen efficace pour maintenir l'ordre dans des régions troublées, ou d'un instrument de défense pour protéger des territoires exposés, aucun homme raisonnable ne saurait blâmer l'État d'accroître ses forces en ce sens. Et, employée pour cet usage, une marine puissante devient le plus sûr auxiliaire de la loi et de l'ordre. Mais si, d'un autre côté, l'on considère quelles lourdes charges les armements maritimes font peser sur les finances de certains peuples, quelles terribles menaces contre la vie et la propriété pourraient, à l'occasion, résulter de ces agents de destruction, et combien les gouvernements sont exposés à des mouvements populaires dans les moments d'effervescence, il devient de la plus haute importance, pour le bien de l'humanité, qu'il ne soit fait usage de ces énergies que conformément aux principes de l'équité, et que l'on donne de sérieuses garanties qu'elles ne seront pas employées autrement. Afin de remplir sa mission, comme gardien des droits de l'humanité, l'État doit avoir à sa disposition une force organisée suffisante pour pouvoir réprimer les actions injustes et maintenir l'ordre public en

2.

toute occasion; mais nous ne devons pas nous dissimuler que nous l'avons investi de pouvoirs infiniment plus considérables que ceux qu'il avait jamais possédés.

Danger que présente l'omnipotence de l'État.

L'omnipotence de l'État présente, sans aucun doute, un grand danger. Durant la plus grande partie de l'histoire de l'humanité, le gouvernement s'est exercé d'une façon arbitraire et a abrité son droit à agir ainsi derrière une mystérieuse auréole de sainteté. L'incurie, la dépendance et l'ignorance des hommes les rendaient incapables de lui résister. Voyant en lui la plus haute autorité terrestre, ils avaient appris à le considérer comme doué de prérogatives divines.

Assez naturellement, l'État a, en général, exploité dans l'intérêt de ses prétentions ce qu'il y avait de plus sacré dans le cœur et la conscience humaine; et, là où il ne pouvait dominer les hommes par une force supérieure, il les a rendus passifs en faisant appel à leurs devoirs religieux.

Sous ce rapport les choses sont bien changées. Responsable de ses paroles et de ses actes, l'État ne peut plus parler et agir au nom de la divinité; il ne peut plus se revêtir d'attributs surnaturels et d'une suprématie divine. Dans les temps modernes,

les hommes sont arrivés à comprendre que le gouvernement est nécessaire à leur prospérité et qu'il
existe pour assurer leur sécurité et leur bonheur;
mais qu'il ne possède aucun autre attribut que ceux
qui dérivent de leur propre volonté et de leurs
desseins collectifs.

Le temps n'est plus où, chez les nations européennes, une guerre de rapine était considérée
comme une entreprise à laquelle les pouvoirs publics pouvaient légitimement s'employer. Il ne se
trouverait probablement pas d'homme d'État responsable, dans un pays civilisé, pour proposer une
guerre de conquête et d'asservissement ayant pour
but le vol de richesses et de territoires. Il n'y a
pas une nation civilisée qui voudrait songer sérieu-
sement à une telle politique. Aucune d'elles, certainement, n'oserait en faire l'aveu ouvertement.
Et pourtant, toute nation a le désir de ressembler à
un homme fort et bien armé. Tout gouvernement
responsable craint anxieusement d'encourir quelque
blâme, pour négligence dans la préparation de la
défense là où les intérêts nationaux se trouveraient
menacés. Et c'est la raison pour laquelle les dépenses énormes du budget de la guerre sont régulièrement proposées et votées dans toutes les
assemblées parlementaires. Partout, la défense
nationale est l'argument invoqué en faveur des
armements.

Si l'on considérait la question du point de vue particulier de chaque nation, il serait difficile de blâmer cette attitude ; mais, à un point de vue plus général, il est évident que les dépenses que l'on fait en vue de la guerre sont souvent excessives, que tout excès de cette nature en provoque d'autres, et que cette manie d'accroître ses armements est faite pour exciter une défiance universelle, pour éveiller des alarmes inutiles, et pour créer une situation artificielle, déraisonnable et extrêmement dangereuse.

Il ne serait pas juste, toutefois, de prétendre que la fin poursuivie par l'État soit absurde, sous prétexte qu'il serait ridicule pour des individus de se tenir sous les armes lorsqu'ils vivent dans une paisible communauté. Car le devoir d'assurer la sécurité publique est une des obligations essentielles de l'État, et, s'il négligeait de prendre les précautions nécessaires à la défense, il faillirait à l'accomplissement de l'une des plus importantes des fonctions publiques.

Prétention de l'État à primer le droit.

Il ne serait pas juste non plus qu'une Puissance en accusât une autre de mauvais dessein parce que celle-ci désirerait être forte. Le danger qui menace la paix et les intérêts pacifiques ne vient pas de ce que l'État est fort. Le danger serait plus grand si l'État était positivement faible ; car, alors, il ne pourrait remplir ses obligations, il devrait avoir recours à l'intervention étrangère, et, par là même, il mettrait peut-être son existence en péril. Le vrai danger est dans la prétention qu'a l'État d'employer la force, non seulement pour la défense de ses intérêts quand ils sont attaqués, mais pour tel usage qu'il lui convient, sans égard pour les principes du droit ou pour la procédure judiciaire. Ce qui justifie les appréhensions de certains hommes prudents, quand ils redoutent le développement des armements et la toute-puissance de l'État qui en résulte, ce n'est pas que l'État devienne fort, mais c'est qu'il refuse de garantir qu'il sera toujours juste.

L'imperfection fondamentale de l'ordre actuel des choses n'est donc pas dans l'existence des armements, même excessifs ; et le meilleur remède ne saurait se trouver dans un projet de désarmement. Un tel excès n'est qu'un symptôme et non une cause de danger. Nous n'exigeons pas que tous les individus qui composent une société soient d'égale force, ou qu'un homme réduise ses forces dans l'intérêt des autres hommes. Ce que nous demandons, c'est que tous les hommes, quelle que soit leur taille ou leur force, reconnaissent la loi et y obéissent ; et c'est à quoi tout bon citoyen se soumet volontairement.

Mais il n'en est pas de même des États. Ils continuent à réclamer le droit, contraire à toute conception juridique, d'agir comme il leur plaît. Tandis que leur raison d'être est de défendre le droit, ils refusent d'entrer dans aucun système juridique défini et obligatoire. Ils emploient le mot de « souveraineté » à deux fins : ils en font la base de leur autorité, et un prétexte pour s'affranchir eux-mêmes de toute autorité. En ce qui concerne leur droit d'imposer l'obéissance, ils prétendent être l'incarnation du droit; mais en ce qui concerne leurs obligations mutuelles, ils affirment qu'ils sont au-dessus de la loi. Ils réclament le privilège de définir eux-mêmes leurs droits, mais ils refusent de s'attribuer, ou de se laisser attribuer par d'autres Puissances, des devoirs correspondants. Ils sont la loi à eux tout seuls.

L'état d'anarchie internationale.

La condition du monde au point de vue international est depuis longtemps un état d'anarchie policée. Il y a une étiquette internationale; il y a des formes de courtoisie; il y a des coutumes vénérables; il y a certains engagements spéciaux pris sous le sceau de promesses solennelles; et il y a des principes reconnus d'éthique internationale. Mais, néanmoins, pour parler juridiquement, ce qui existe, c'est un état d'anarchie. Il y a trois siècles, il existait quatre ou cinq cents potentats qui prétendaient avoir le droit de faire la guerre à qui ils voulaient et sous un prétexte quelconque, parce que tel était leur « bon plaisir ». Ce droit impliquait le privilège d'exterminer des populations inoffensives, de prendre et de saccager des villes, d'annexer des territoires. Aujourd'hui la même espèce de droit n'appartient qu'à quelque cinquante ou soixante Puissances souveraines, mais il repose toujours sur le même fondement et implique la même liberté illimitée.

Quel est le fondement sur lequel repose ce prétendu droit ?

Il repose sur l'attribut de la souveraineté, dont le propre serait d'être au-dessus du droit.

L'État est souverain, en ce sens que son autorité est absolue et souveraine : il ne reconnaît pas de maître.

Comme beaucoup d'autres héritages du passé, cette conception de la souveraineté domine tout le système du Droit public ; elle pénètre les décisions judiciaires et fournit la base favorite de la théorie de l'État.

Genèse et développement de l'État.

Heureusement, nous savons quels ont été la genèse et le développement de l'État tel qu'il existe, car son origine est relativement récente. Au Moyen Age, il n'existait pas, dans son sens moderne. Dans la plus grande partie de l'Europe, la société se présentait sous deux formes : l'Église et l'Empire, théoriquement complémentaires, mais prétendant l'une et l'autre à une souveraineté absolue. Localement, les peuples étaient gouvernés par leurs princes séculiers et spirituels, qui, suivant les degrés de l'échelle féodale ou de la hiérarchie ecclésiastique, formaient deux séries parallèles d'obédiences. Chaque prince avait son « état », son *status*, qui impliquait une certaine autorité. Mais l'État, au sens moderne du mot, n'existait pas. Lorsque se formèrent les monarchies nationales, les souverains, s'appuyant sur le peuple, écrasèrent les plus élevés et les plus oppressifs des princes, s'emparèrent progressivement de l'autorité, établirent des cours de justice, levèrent des armées nationales, et assurèrent au pays une administration meilleure et une protection plus sûre contre le crime et l'invasion. Grâce au développement des parlements, des assemblées, et enfin à la formation de constitutions écrites, l'autorité devint moins personnelle, prit la forme d'une institution véritable et donna naissance à l'État moderne.

Il est important de remarquer qu'au cours de son évolution, l'État a été surtout un produit de la volonté, obscurément guidée par l'intelligence. Ce ne sont ni les frontières géographiques naturelles, ni les affinités de race, ni la communauté de langue qui ont déterminé sa formation. Sa première cause a été la force militaire mise au service de l'intérêt dynastique. Ce n'est que tout à fait récemment que les considérations théoriques ont pu avoir quelque influence sur sa constitution. Il était le résultat d'alliances plus ou moins accidentelles, dans lesquelles les mariages et les combinaisons d'héritages jouaient un grand rôle et les visées constructives de l'intelligence un rôle relativement petit.

Ainsi se formèrent, sous la domination des princes les plus puissants, vainqueurs de leurs adversaires, des agrégats de populations, habitant des territoires, découpés de façon plus ou moins fortuite et arbitraire, et limités par l'accroissement correspondant des pays voisins et rivaux. C'est sur ces territoires, grâce à la coopération de l'autorité dynastique et des souvenirs historiques relatifs à la communauté de défense, de développement et d'expansion, que les unités nationales de l'Europe se sont formées. Dans les États contemporains et

3

chez leurs rejetons coloniaux, les origines dynasti-
ques sont en partie oubliées, mais il en reste des
traces dans le symbolisme qui donne sa couleur à
la conception moderne de l'État et de ses attributs.
Parmi ces attributs se trouve la souveraineté,
résidu abstrait des anciennes prérogatives du souverain absolu, lequel, en vertu de sa position, était
au-dessus de la loi, puisqu'il en était considéré
comme la source. Investi de toutes les qualités de
l'*Imperium* romain par les jurisconsultes qui
avaient étudié l'ancien Droit impérial romain, le
souverain demeura à part, élevé au-dessus de la
foule, suprême et absolu, jusqu'au jour où le constitutionnalisme moderne le dépouilla de ses privilèges, et transféra ceux-ci à l'État, à qui ils appartiennent encore.

Théorie de l'absolutisme chez Machiavel.

Si, maintenant, nous laissons de côté le souverain concret pour considérer l'attribut abstrait
de la souveraineté, nous rencontrons la théorie
qui fait de cet attribut l'essence même de l'État :
il convient de l'exposer ici en peu de mots.

La vieille formule romaine était restée en deçà
du fait. Elle disait : « *Quiquid principi placuit
legis habet vigorem.* » « Tout ce qui plaît au prince
a force de loi. » Les avocats de l'absolutisme

s'arrangèrent de façon à oublier la définition donnée par Justinien : « *Utpote quum lege regia populus ei et in eum suum imperium et potestatem conferat*[1]. » — En tant que, par une *lex regia*, le peuple lui confère son empire et son pouvoir — définition qui, du point de vue impérialiste lui-même, plaçait dans le peuple l'origine de tout pouvoir législatif. Les théoriciens modernes sont revenus à cette définition, et ils attribuent la souveraineté tout entière au peuple, lequel, en réalité, n'a qu'une conscience vague de cette prérogative. Mais ce que, dans aucun temps, on n'a pu réussir à expliquer bien clairement, c'est comment il se peut que le peuple donne ce qu'il ne possède pas, à savoir une suprématie absolue, qui ne serait limitée par aucun droit et aucune obligation.

Il est intéressant de voir comment la théorie de l'État, qui manifestement est une pure création de l'esprit, sujette à un changement et à un développement continuels, peut se déduire par abstraction d'une certaine forme de gouvernement, existant effectivement et tenue pour la meilleure. La méthode d'observation concrète possède toutes les apparences d'une méthode scientifique, parce qu'elle procède par analyse et par induction. C'est

1. *Le Digeste*, de Justinien, I, 41 ; et Carlyle, *A History of Medieval Political Theory in the West*, Édimbourg, 1903, I, p. 70.

que Machiavel (1469-1527)[1], le premier des
modernes qui ait apporté une réelle contribution
à la science politique, tire sa conception de l'État
de l'exemple des monarchies florissantes de la
France et de l'Espagne, admirablement centralisées
et unifiées, vrais types de perfection politique, en
les opposant à l'Italie démembrée et alors en proie
à la discorde et à l'anarchie. Il trouve le remède à
ces maux dans la tyrannie d'un César Borgia, ce
puissant despote, qui imposait à tous sa volonté,
sans égard pour les préceptes de la morale. L'État,
création du Prince, est, à ses yeux, essentiellement
amoral. Tout crime peut être commis en son
nom. Il ne connaît pas d'autre loi que le succès.
L'humanité est totalement dépravée et doit être
ramenée à l'ordre par tous les moyens possibles.
Or, cela ne peut être accompli que par une volonté
sans limite. Au-dessus du Prince, il n'y a aucune
autorité qui puisse lui imposer des règles d'action :
il possède la puissance souveraine. La religion et
la morale peuvent être entre ses mains des instru-
ments utiles, mais ce ne sont pour lui que des
auxiliaires et non des autorités. A l'unité, à la
force, à l'accroissement de l'État, toute autre chose
doit être sacrifiée.

1. *Il Principe*, édition Burd, Oxford. 1891. Cf., l'admirable
discussion des doctrines de Machiavel : VILLARI, *The Life
and time of Machiavelli*, Londres, 1898, pp. 89 et 181.

Il est peut-être malheureux que la philosophie de Machiavel soit devenue classique parmi les hommes d'État européens; mais les événements lui donnèrent une grande autorité. La « raison d'État », principe qui ne connaît pas de *lex altior*, devint la règle générale de l'action politique. Ce fut le triomphe du réalisme en matière de gouvernement, entraînant la disparition, pendant plusieurs siècles, de ces vues idéales qui sont l'élément fécond de tout progrès politique. Ce qui est plus fâcheux encore, c'est la persistance de l'erreur fondamentale de Machiavel, qui place l'essence de l'État dans une forme particulière de gouvernement, tandis que ce sont là deux choses entièrement distinctes. La nature de l'État dépend des fins en vue desquelles il existe, tandis que les formes de gouvernement doivent être jugées d'après le succès avec lequel elles réalisent ces fins. Pour Machiavel, le Prince était l'État lui-même, et non pas seulement un agent travaillant au bien public. Pour lui, par conséquent, le Prince était au-dessus de tout : il n'était pas le serviteur des grands desseins de l'humanité, mais la source originaire de toute autorité, au-dessus de laquelle il n'y avait pas de loi. Cette doctrine convenait dans une période de création, mais elle faisait disparaître la mission de l'État en l'absorbant dans la suprématie de son chef.

3.

Conception de la souveraineté chez Bodin.

Il est intéressant de remarquer que le monde a été surtout influencé d'une façon profonde et durable par des événements exceptionnels. Le moyen trouvé par Machiavel pour remédier au malaise politique de l'Italie a continué d'exercer une influence prépondérante sur la pensée politique de l'Europe, jusqu'au moment où une autre grande convulsion a inspiré un autre grand ouvrage qui, depuis lors, a tenu sa place à côté du *Prince* de Machiavel.

Les guerres de Religion de la seconde moitié du XVIᵉ siècle arrivèrent presque à démembrer la France. Dans ces temps de profonde agitation, de conspirations, de guerre civile, dont le point culminant fut les horreurs de la Saint-Barthélemy, les hommes désespérés essayèrent d'une réhabilitation de l'État, et la question de sa nature et de son autorité excita un nouvel intérêt. Parmi les travaux de cette époque, le plus important est l'ouvrage de Jean Bodin (1530-1596), intitulé : *De la République*, publié d'abord en français en 1576, traduit en latin par l'auteur lui-même en 1591, et destiné à devenir, pour longtemps, le plus célèbre ouvrage classique sur la nature de l'État[1].

---

1. Cf. HANCKE, *Jean Bodin*, Breslau, 1900 ; SCHMIDT, *Allgemeine Staatslehre*, Leipzig, 1901 ; et JELLINEK, *Allgemeine Staatslehre*, Berlin, 1905.

C'est le premier ouvrage dans lequel la notion de souveraineté ait été traitée pour elle-même, et l'auteur fait de cette notion la pierre angulaire de tout son système. Ce que Bodin cherchait à faire, c'était une exposition raisonnée d'un fondement naturel pour l'omnipotence royale. Il était tout d'abord nécessaire de trouver un principe sur lequel cette idée pût être logiquement fondée. Il n'était pas suffisant, par conséquent, d'analyser simplement l'institution de la monarchie telle qu'elle existait. Il fallait élaborer une théorie abstraite de l'État, construite d'après des axiomes rationnels, et capable de fournir une base nouvelle pour le trône du monarque.

Pour que le raisonnement pût faire appel à l'adhésion de tous, Bodin plaça dans le titre de son ouvrage le mot République, le mieux approprié à son dessein qu'il pût trouver, et, en posant les fondements de son système, il s'abstint de recommander aucune forme particulière de gouvernement. Pour lui, la base de l'État est l'autorité suprême, qu'en français il nomme *souveraineté* et en latin *majestas*. Il définit cette souveraineté comme une puissance absolue et perpétuelle. C'est de cette source que procèdent les lois et qu'elles reçoivent leur sanction. Sans une telle souveraineté, il n'y a pas d'État possible. Dans la suite de son exposition, la souveraineté est constamment présentée comme absolue, indivisible, inaliénable. Étant absolue elle ne comporte pas de limite; étant indivisible elle ne peut être partagée ni morcelée ; étant inaliénable elle ne peut être perdue ou enlevée.

Il est évident qu'une telle qualité ne peut être attribuée qu'à ce qui est une unité en soi, qu'à ce qui possède la faculté de se déterminer soi-même et la continuité. La souveraineté est, par suite, très bien placée dans une personne unique, et Bodin en voit le sujet naturel dans une dynastie monarchique qui, excellemment, remplit toutes ces conditions. L'attribut de la souveraineté tel qu'il le conçoit implique presque nécessairement l'existence d'un souverain personnel. L'absence d'un tel souverain est le signe de quelque accident momentané, de quelque imperfection dans l'organisation de l'État.

La doctrine de Bodin n'a pas été sans soulever des critiques violentes, même de son vivant; mais sa conception de l'État était si bien adaptée à l'ordre de choses existant alors, que sa théorie de la souveraineté se retrouve au fond de presque toutes les idées politiques qui suivirent, et que son livre est cité aujourd'hui encore comme un ouvrage faisant époque.

C'est donc à Bodin que nous devons le concept moderne de souveraineté, lequel est devenu l'obstacle le plus sérieux lorsqu'il s'est agi d'assigner une place à l'État dans l'ordre juridique abstrait. Si l'État est absolu, s'il n'a rien au-dessus de lui et n'est soumis à aucune loi, il est impossible d'organiser le monde au point de vue juridique. Il y aura toujours autant d'entités ingouvernées et ingouvernables, donc agissant arbitrairement, qu'il y aura d'États souverains, et l'anarchie régnera perpétuellement dans le domaine des relations internationales.

Il est évident que l'État, tel que le conçoit Bodin, ressortit à la catégorie de la force et non à celle du droit. Il possède des pouvoirs sans être soumis à aucune obligation, et il nous met en présence d'autocraties arbitraires et irresponsables.

Place de l'État dans l'ordre juridique.

En quoi donc consiste exactement l'essence de l'État? Le premier problème qu'implique l'organisation du monde, c'est de déterminer la place de l'État dans l'ensemble du système juridique; et c'est ce que Bodin s'est entièrement abstenu de faire. La maxime : *Princeps legibus solutus est*, — le Prince est exempté de l'obéissance aux lois, — ne peut pas être considérée comme une maxime légale; car, si le législateur est indépendant à l'égard de toute loi, ce n'est que par un dogmatisme arbitraire que l'on pourra dire où commence l'obligation légale. Il faut que, de quelque manière, en ce qui concerne le souverain, nous nous placions sur le terrain du droit, si nous ne voulons rester enfermés dans celui de la force; et on n'arrivera jamais à prouver que le pouvoir d'imposer l'obéissance par la force soit un fondement ou une raison de l'obligation à l'obéissance.

C'est ce qu'a clairement compris Althusius (1557-1638)[1], qui, vivant en Hollande à l'époque où une nation nouvelle était en train de se former des fragments des Pays-Bas qui avaient été affranchis, se trouva en présence de ce problème. Voyant que l'État ne peut être fondé que sur le principe de l'unité et qu'il doit exercer sur ses parties une sorte de suprématie, Althusius s'attaqua aussi au mot de souveraineté, mais il le définit comme un droit indivisible, incommunicable et imprescriptible, inhérent au corps politique tout entier.

Ainsi conçue, la souveraineté est le droit qui appartient à des hommes, librement groupés et demeurant sur un territoire donné, de former et de maintenir un État. Réduite à ces simples mots, elle n'est que le droit, pour une libre association, de se gouverner elle-même et de conserver son existence,

---

1. GIERKE, *Johannes Althusius und die Entwickelung naturrechtlichen Staatstheorien*, Breslau, 1902; ALTHUSIUS, *Politica*, Herborn, 1603.

Un tel droit est évident : il jaillit directement des nécessités sociales. La souveraineté, en ce sens, est vraiment le fondement et l'essence de l'État. Or l'État ainsi conçu ne ressortit pas à la catégorie de la force, mais à celle du droit. Étant l'expression d'une nécessité morale, il possède un caractère moral. Il a ses racines dans les droits que suppose la personnalité. Il réclame l'obéissance, non seulement parce qu'il a le pouvoir de l'imposer par la force, mais encore parce qu'il est l'expression de la volonté collective, visant à la réalisation des droits de l'humanité.

C'est cette conception de l'État qui permit à Grotius (1583-1645) de transporter l'idée de justice dans le vaste champ des relations internationales, et de construire une science ayant pour objet la jurisprudence universelle. Partant de la loi de nature, qui est au fond de la raison humaine, et s'aidant des principes du Droit romain, si bien fait sous tous les rapports pour répondre aux exigences du droit universel, il édifia un système de jurisprudence pour le gouvernement des nations. De même que la raison est commune à tous les hommes et que les hommes sont parents entre eux, de même les États possèdent une communauté essentielle de nature et font partie d'une société supérieure. En temps de guerre, dit Grotius, les lois se taisent; mais il n'en est pas de

même de ces lois qui, appartenant à l'ordre juridique abstrait, devraient être respectées même
pendant la guerre; car la loi, respectée ou non,
n'abdique jamais sa royauté rationnelle : sa majesté
est la seule qui soit suprême et sa souveraineté est
la seule qui soit véritable.

Ce fut un âge nouveau, pour la pensée humaine
du moins, que celui qui naquit du grand ouvrage
de Grotius sur *Le Droit de la Guerre et de la*
Paix (1625)[1]. C'est en Grotius que Machiavel trouva
son principal adversaire. Bodin avait essayé de
légitimer l'absolutisme auquel Machiavel avait
fourni ses règles d'action. Althusius avait énoncé
la vraie conception de l'État, fondé sur des droits,
incarnant des droits et soumis aux règles du droit.
Grotius orienta les souverainetés locales et secondaires vers cette souveraineté suprême et universelle, qui s'exprime dans l'unité essentielle du genre
humain et dans la suprématie de la raison comme
titre principal de la noblesse humaine.

A dater de ce jour, le monde devint le théâtre
d'une lutte entre deux conceptions opposées de
l'État et des relations entre États : la conception
de Machiavel, qui attribue à l'État un pouvoir arbitraire, illimité et irresponsable, et la conception
d'Althusius, qui attribue à l'État des droits naturels,

1. GROTIUS, *De Jure Belli ac Pacis*, Amsterdam, 1625.

des pouvoirs limités et le devoir d'assurer la sécurité publique.

Tous les grands combats qui ont marqué le progrès de la civilisation ont été livrés sur les champs de bataille de la pensée avant de trouver une solution définitive sur les champs de bataille de l'action. Ce conflit d'idées n'est pas encore terminé, mais la notion de justice a considérablement gagné de terrain. Ses victoires sont inégales dans les différentes parties du monde, et c'est ce qui fait que le problème d'une organisation générale du monde est encore pendant. Il est possible que nous ayons à en attendre la solution longtemps encore. La civilisation a toujours eu des mouvements de recul, et un progrès constant et ininterrompu semble dépasser les forces humaines. Mais il n'est pas de voie praticable conduisant au progrès, où, après s'être reposée et avoir retrempé ses forces, l'humanité ne se soit engagée à nouveau, avec un nouvel espoir et un nouveau courage, résolue à poursuivre sa course vers la lumière.

CHAPITRE II

L'ÉTAT COMME PERSONNE JURIDIQUE

L'existence de droits naturels posée par Althusius comme un postulat. — L'idée de droit imposée par la nature, selon Grotius. — L'État conçu par Pufendorf comme une personne morale. — L'État considéré comme une personne. — Relation de l'État à la loi morale. — Insuffisance de la loi morale en ce qui concerne l'État. — Prétendue indépendance de l'État à l'égard du droit. — Nécessité d'interpréter la loi morale. — L'homme d'État et la moralité dans la politique. — Moralité publique et moralité privée.

Comme incarnation du droit, l'État a une place marquée dans l'ordre juridique abstrait. Par son pouvoir de contrainte, il se rapporte à la catégorie de la Puissance, mais l'autorité dont il est investi pour commander l'obéissance le fait rentrer dans la catégorie du Droit. Autrement l'État ne pourrait faire appel à nos consciences ni offrir un fondement rationnel à notre obéissance. Ses prétentions à notre égard, n'ayant pas de justification morale, reposeraient entièrement sur la force et sur l'impossibilité où nous serions d'y résister.

Machiavel ne dissimule pas cette conséquence lorsqu'il expose sa théorie de l'État, et il appuie cette théorie tout entière sur la suprématie d'un pouvoir arbitraire. L'humanité, affirme-t-il, est essentiellement perverse et corrompue, et, si elle était livrée à elle-même, elle réaliserait sa propre destruction par suite de sa prédisposition innée au désordre et à l'anarchie. Survient le Prince, qui dompte la foule, établit l'ordre public, édicte la loi et veille à ce qu'elle soit exécutée. Tous les droits existants ont pris naissance de cette manière. Tous les gouvernements ont un caractère local, parce qu'il est impossible d'imposer l'ordre universel. Mais le Prince doit être aussi absolu que possible, et, à cet effet, il doit employer tous les moyens propres à accroître son pouvoir. Plus ses territoires sont étendus, plus il a de force à sa disposition, plus il peut soumettre de princes voisins à sa politique et plus aussi il est assuré que l'État subsistera et dominera ses ennemis du dedans et ses ennemis du dehors. Comme il n'y a nulle base pour des droits innés, pure illusion individuelle sans existence dans la nature des choses, l'État lui-même ne saurait avoir d'autres droits que ceux qu'il est en mesure de revendiquer par la force. Il est, d'après cette théorie, essentiellement amoral.

L'existence de droits naturels posée par Althusius comme un postulat.

A l'opposé de cette doctrine, Althusius, Grotius et tous les jurisconsultes qui les ont suivis supposent qu'il y a au fond de toutes les relations humaines un ordre moral naturel, reconnu par l'État qui en est l'expression organisée.

Comme beaucoup d'autres postulats de la pensée et de l'action, celui qui se rapporte à un ordre moral naturel n'est pas susceptible d'être logiquement démontré. Si nous disons qu'un tel ordre nous est révélé par la raison, on est en droit de nous demander ce qu'est la raison elle-même. Si nous répondons que la raison est une faculté intuitive par laquelle nous découvrons l'existence de certains principes, on pourra nous objecter qu'au lieu de démontrer notre postulat, nous nous bornons à l'énoncer sous une autre forme. Si, enfin, nous cherchons la preuve qu'il existe un ordre moral, dans quelque sentiment que nous constatons chez l'homme, il peut sembler que nous nous appuyons sur une simple donnée de notre conscience individuelle.

Mais, sous ce rapport, le moraliste et le jurisconsulte ne sont pas en plus mauvaise posture que le mathématicien, qui dicte la loi à toutes nos

sciences naturelles et à qui font appel les représentants des branches les moins exactes de la
science, pour arriver, s'il se peut, à la certitude;
car le mathématicien ne peut pas prouver ses
axiomes, et, si vous ne les acceptez pas sans preuve,
il vous déclare tout simplement que vous ne pou-
vez pas être mathématicien et il vous ferme au
visage la porte du temple de la science exacte.

La sagesse pratique et la science elle-même
consistent pour une large part dans un choix entre
les deux termes d'un dilemme. Les théoriciens ont
discuté la question de savoir si les lois existaient
d'abord et si les droits ne s'étaient produits que
comme conséquences des lois, ou si les droits
préexistaient et si ses lois n'avaient été inventées
que pour assurer le respect des droits. Mais ce
problème a peu d'importance au point de vue pratique : il rappelle l'énigme que nous posons quand
nous demandons si l'oiseau existait avant l'œuf ou
l'œuf avant l'oiseau. Il est d'usage, dans les milieux
officiels, de professer, avec Machiavel, que les droits
sont un produit de la loi, et de nier l'existence de
tous droits naturels. Il n'est pas nécessaire, pour
établir une conception juridique de l'État, de réfu-
ter cette thèse, car personne ne peut nier que les
droits, droits individuels et même droits moraux,
quelle que soit leur origine et quelle que soit l'origine de l'État, ne soient actuellement à la base de

4.

la société telle qu'elle existe. L'atmosphère de la discussion est très sensiblement éclaircie si l'on pose cette simple question : pouvons-nous vivre ensemble pendant une seule journée, pendant une seule heure, sans admettre, affirmer et reconnaître l'existence de la loi morale et des droits juridiques que possède en fait tout individu?

Il suffit de considérer un moment la doctrine de Machiavel, selon laquelle l'État serait amoral, pour s'apercevoir qu'elle n'est pas seulement une théorie de l'État, mais encore une théorie de la vie. Et c'est une théorie très inconsistante, car, si tous les hommes sont entièrement dépravés et ne possèdent aucun droit naturel, il ne reste plus aucun moyen d'apprécier leur dépravation ou de prétendre qu'ils sont dépravés. Et, même, on n'a aucune raison d'affirmer que le désordre et le crime soient moins recommandables que l'ordre et l'obéissance à la loi, lesquels, d'ailleurs, dans un système strictement amoral, sont simplement le résultat de la contrainte physique.

Mais la vérité est que nous ne pouvons même imaginer l'existence d'une forme amorale de la société humaine. Une société qui serait amorale ne serait pas humaine; car il n'est pas sur terre de tribu sauvage si inférieure, qu'elle ne possède le sens moral à quelque degré. S'il en existait une, nous la fuirions comme quelque chose de pis qu'une troupe de bêtes, car nous ne trouverions pas naturel que des êtres doués d'intelligence, méritant d'être appelés hommes, ignorassent du tout au tout l'existence de droits et de devoirs.

Nous ne le trouverions pas naturel, parce que l'idée de droit et de devoir, quelle que soit son origine, a un fondement objectif, permanent et absolu dans la nature. A travers les multiples transformations du monde physique, il y a une *constante*, à savoir la quantité de force existant dans l'univers. Cette permanence dans le changement est la seule forme de l'absolu que nous connaissions. Toutes les diversités en dépendent et en dérivent. Pour tout crédit inscrit au grand livre de la nature, il y a un débit correspondant, et, lorsqu'on fait la balance, tout apport entre en ligne de compte.

Il y a donc, dans la nature des choses, un équi-libre de doit et avoir qui peut être regardé comme la loi primordiale de tout être relatif. Si nous nous élevons des forces inanimées au monde bio-logique, nous voyons que les êtres vivants forment des sociétés dont l'existence est fondée sur le principe de la mutualité; et que l'instinct des plantes, comme celui des animaux, perçoit la diffé-rence entre la voie de la vie et celle de la mort. Dans le monde humain s'éveille la conscience de la relation qui existe entre la possession et l'obligation; et cette conscience devient de plus en plus claire à mesure que l'intelligence se développe. A ce niveau, l'équilibre de la balance entre le débit et le crédit se transforme en concept de justice, ou devoir de donner à chacun son dû, ce qui est, au monde moral et juridique, comme l'équilibre est au monde physique. De même que, sans équilibre, il n'y aurait pas de cosmos matériel, ainsi sans justice il ne saurait y avoir de cosmos humain. Dans un cas nous disons équilibre et dans l'autre équité, mais c'est le même droit de nature qui est immanent à toutes choses et qui, à travers une instabilité relative, donne aux forces qui composent le monde, par une adaptation continuelle, la stabilité d'un univers.

En se réalisant dans une personnalité consciente qui s'unifie, se détermine et s'exprime elle-même, ces relations donnent naissance à la notion du bien et du mal, c'est-à-dire à la notion de ce que l'on doit ou ne doit pas faire; et ainsi se créent l'ordre moral et l'ordre juridique abstrait. C'est sur ces contingences fécondes, sur ces possibilités idéales, toujours irréalisées et toujours plus hautes, que nous fondons notre existence et nos espérances. De là sont sorties les institutions humaines, dont la principale est l'État. Ce n'est pas une création purement artificielle, ce n'est pas une association fortuite, formée au profit d'un individu ou de la société : c'est l'application du principe de l'équilibre et de la coordination aux relations de la vie humaine. Dire que cette institution est amorale, c'est ignorer les luttes, les aspirations et les sacrifices de tous les grands patriotes, hommes d'État et héros de la liberté, qui ont fait de cette vie ce qu'elle est.

L'idée de droit imposée par la nature, selon Grotius.

Considérée historiquement, l'idée que le sens moral est inhérent à la nature humaine est l'une des plus anciennes de toutes les conceptions juridiques. La philosophie stoïcienne, qui exerça une si profonde influence sur l'idée de droit chez les Romains, affirmait l'existence d'un droit de nature, que l'on doit distinguer soigneusement des lois naturelles dans leur sens scientifique moderne, et qui éveille dans la conscience de l'homme la connaissance de ses droits et de ses obligations. Le *Jus Naturæ*, comme l'appelaient les Romains, est la source première du *Jus Gentium*, ou droit commun à toutes les nations, la nature ayant implanté chez tous les hommes la faculté de raison, qui fournit des principes permettant de distinguer le bien du mal. D'après Justinien, le *Jus naturæ*, ou droit de nature, est inhérent à la race humaine tout entière, le *Jus Gentium*, ou droit des Gens, en est dérivé au fur et à mesure de l'expérience acquise ; le *Jus civile*, ou droit civil, est le droit d'une communauté particulière, et, avant tout, le droit de Rome.

C'est à cette distinction qu'a eu recours Grotius quand il a voulu fonder une jurisprudence universelle. Il fait une nouvelle classification du droit, et il le divise d'abord en droit naturel et droit volontaire. Le droit volontaire, à son tour, se divise en droit divin, lequel est la morale révélée, et en droit humain, comprenant le droit civil et le droit des Gens, par où il désigne le droit qui régit la conduite de la société des États. Dans le cours de la discussion, il oppose constamment le droit de Nature au droit des Gens [1].

Il est important de se rappeler cette dernière distinction, car c'est sur elle que Grotius a fondé le principe du progrès juridique comme rendu nécessaire par le développement de la société civilisée. Le droit des Gens est, pour lui, l'ensemble des principes et des pratiques effectivement en usage ; le droit de nature consiste dans les dictées de la droite raison, qui doivent guider les hommes au cours du perfectionnement de leurs relations sociales, et auxquelles on doit, par suite, continuellement recourir pour améliorer la société des États. C'est

1. GROTIUS, *De Jure Belli ac Pacis*, Prolegomena, XLIII.

ainsi qu'il peut affirmer sans se contredire, et qu'il existe un corps de règles considérées volontairement comme applicables aux relations des États entre eux, et en même temps que ces lois établies sont susceptibles d'être développées, revisées et améliorées, à la lumière de l'expérience et du jugement rationnel.

Il n'est pas juste de reprocher à Grotius son pédantisme, sous prétexte que, dans ses efforts pour établir un accord d'opinion sur les grands principes, il abonde en citations, souvent ennuyeuses et même inutiles, et qui parfois sont détournées de leur première destination : « Afin, dit-il, d'apporter des preuves touchant l'existence du droit de nature, j'ai cherché des témoignages chez les philosophes, les historiens, les poètes et, enfin, chez les orateurs : non que je les considère comme des juges dont les décisions font foi, car ils sont prisonniers de leur parti, de leur sujet, de leur cause; mais je les cite comme des témoins dont les dépositions concordantes, venues de lieux et de temps si différents, peuvent être rapportées à quelque cause universelle, laquelle, en ces matières, ne peut être autre qu'une juste déduction tirée des données de la raison, ou de quelque autre fonds d'idées communes[1]. » En

---

1. GROTIUS, *De Jure Belli ac Pacis*, Prolegomena, XLI.

tant que ces concordances doivent être rapportées aux dictées de la raison, elles dénotent la
présence du droit de nature. En tant qu'elles
sont tirées d'un fonds d'idées communes, elles
révèlent l'existence d'un droit des Gens, volontairement adopté.

La partie de l'œuvre de Grotius qui exerça une
réelle influence, n'est pas cette quantité d'opinions
qu'il a ainsi rassemblées et qu'il approuve personnellement, car beaucoup d'entre elles ne pourraient supporter un examen attentif. Elle réside
dans la détermination d'une certaine source du
droit, toujours vive et inépuisable, d'où nous pouvons tirer des règles d'action meilleures et mieux
définies. Les dictées de la droite raison n'ont
pas été épuisées par les autorités citées par Grotius ni par lui-même. Aussi longtemps que durera
l'expérience humaine, s'élargissant avec les années
et les siècles, jamais cette source ne cessera de
couler.

S'élevant au-dessus des jugements étroits et
des préceptes de son temps, que caractérisaient
particulièrement la cruauté, la grossièreté, la
superstition et la bigoterie, Grotius entra dans
la voie infinie du progrès humain, et engagea la
pensée de sa race sur une route toujours ascendante.

Mais ce qu'il y a de plus caractéristique chez

Grotius, c'est sa foi dans l'élément moral du droit naturel. Sa conception de l'Univers était, non *mécaniste*, mais *vitaliste*. Il fut le prophète de l'âge biologique, de cette époque où les hommes se mirent à rejeter l'idée d'une fixité et d'une finalité définies, inhérentes à la nature, pour voir en cette dernière la promesse et la capacité d'une perfection supérieure. L'idée d'une évolution naturelle ne lui vint sans doute jamais, mais il conçut l'esprit de cette grande loi. Il comprit que ni l'homme ni la nature n'étaient des produits figés. Il vit que l'un et l'autre devaient atteindre un degré plus élevé de perfection et d'achèvement. Mais sa conviction ne reposait pas sur les principes de l'unité de la force et de l'universalité des lois naturelles, que, depuis lors, la science nous a rendus évidents. Il ignorait que les astres, dans leur marche, travaillaient pour sa cause. Ce qu'il savait, c'est que l'individu et la société étaient en lutte avec ce qu'il y avait de meilleur dans leur propre nature, en lutte avec les idées de droit, de justice et de fraternité. Il mourut avant que la guerre de Trente Ans, cet holocauste à la violence, à l'ambition, à la soif de revanche, fût terminée. La paix de Westphalie, qui y mit fin en 1648, eût réjoui son cœur. Car, tout imparfaite et mesquine qu'elle fût, elle reconnaissait ce qui n'avait jamais été reconnu auparavant : l'association d'États indépendants et

leur devoir de maintenir la paix en la faisant repo-
ser sur une entente générale. C'est le premier traité
qui se soit inspiré de l'idée de droit, depuis les
jours de la *Pax romana*.

L'État conçu par Pufendorf comme une personne morale.

Dans son ouvrage sur *le Droit de la Guerre et de
la Paix*, Grotius s'était servi du droit de nature
comme d'un correctif nécessaire du droit des Gens,
ou résumé des coutumes des nations, là où, comme il
arrivait souvent, celles-ci étaient assez sauvages et
contraires à la raison pour choquer son sens moral. Il soutenait que la guerre, bien que fertile en
cruautés, peut cependant être licite, mais que,
pour qu'elle soit licite, il est nécessaire qu'elle soit
juste et conduite conformément à des règles
d'équité. Tout en admettant que la coutume peut
créer un droit, il refusait néanmoins à ce droit
toute valeur effective, s'il n'était en harmonie avec
le droit de nature.

Un sérieux obstacle s'opposait à la création d'un
système de jurisprudence internationale fondé sur
la coutume, seul fondement positif alors reconnu
comme loi universelle, en dehors du précepte
vague du droit de nature : c'était la diversité et
même la contradiction qui existait entre les usages

des différentes nations. Les plus anciens règlements qui pussent être considérés comme des lois internationales étaient les règlements concernant la guerre sur mer, mais malheureusement ces règlements n'avaient aucune uniformité. Les anciennes lois maritimes relatives à la Méditerranée admettaient que les marchandises des pays neutres fussent transportées librement sur les navires des nations ennemies, tandis que les marchandises des nations ennemies pouvaient être confisquées sur les navires des pays neutres. Et cette règle, en général, était pareillement observée sur l'Atlantique, étant reconnue, à cette époque, par l'Angleterre, le Portugal et la Hollande, tandis que la France appliquait la règle : « Robe d'ennemi confisque robe d'ami », et s'emparait des bateaux ennemis avec toute leur cargaison, y compris ce qui appartenait aux pays neutres.

Le premier grand apôtre des doctrines de Grotius fut Pufendorf (1632-1694), qui occupa, à Heidelberg, la première chaire de Droit international qui ait jamais été établie. Dans son ouvrage : *De Jure Naturæ et Gentium* (1672), les coutumes en usage chez les nations étaient presque complètement mises de côté et considérées comme trop arbitraires et trop déraisonnables pour être acceptées comme constituant un droit; et le droit des Gens était, en fait, identifié avec le droit de

nature, d'où, dans cet ouvrage, les principes domi-
nant le droit en général étaient presque exclusivement dérivés.

L'identification foncière du droit des Gens avec
le droit de nature, opérée par Pufendorf, ne put,
sans doute, avoir d'autre effet pratique que de
laisser un doute dans l'esprit du lecteur quant à
l'existence d'un code de règles internationales
méritant vraiment le nom de lois et se distinguant
de la loi morale ou d'une éthique internationale.
La question de savoir ce que les États doivent
faire, dans des circonstances données, si on la
considère indépendamment des coutumes régnantes
dans ces États et des conventions par lesquelles ils
se sont engagés les uns à l'égard des autres, est
simplement une question de morale, et non de
droit au sens juridique du mot.

La seule manière, par conséquent, dont on puisse
transformer un système d'éthique naturelle en un
système de droit international, serait de montrer
que les États sont, en quelque sorte, légalement
obligés par la loi morale, et que le fonds et la
substance de la loi qui gouverne proprement la
société des États est tout simplement le code de
la morale, appliqué aux relations spéciales dans
lesquelles les États se trouvent placés vis-à-vis les
uns des autres.

C'est précisément ce que Pufendorf entreprit de

faire. Il définit l'État comme une personne morale, qui doit agir exactement comme agirait un honnête homme[1].

Après le mouvement de révolte suscité dans notre bon sens et notre conscience par l'étude de la théorie de Machiavel, où l'État était donné comme essentiellement amoral, c'est un soulagement, et même un réconfort, d'entendre définir l'État comme une personne morale. Cette définition semble, dès l'abord, préparer la voie à une démonstration des droits et des devoirs, propre à gouverner légitimement la société des États. Mais nous sommes forcés de nous demander si, en réalité, les États sont assez semblables aux individus pour que les uns et les autres puissent être convenablement gouvernés par les mêmes lois.

L'État considéré comme une personne.

Avant tout surgit la question de savoir si l'État peut être, dans un sens plausible, considéré comme une personne. En réfléchissant sur ce problème, nous voyons tout de suite qu'une association

---

1. D'après la théorie de Pufendorf, l'État doit, en fait, être identifié avec celui qui gouverne. Sa conception de la *persona moralis* est bien expliquée dans GIERKE, *Johannes Althusius*, pp. 88 et 89, qui donne également un résumé du développement historique de l'idée de la personnalité dans l'État, pp. 189-210.

d'êtres humains, liés entre eux juridiquement par
des lois qu'ils ont acceptées, et occupant une certaine étendue de territoire, est tout au moins différente d'une personne naturelle. Toutefois, si
nous considérons qu'un État est essentiellement
une unité parmi des unités de même espèce,
lesquelles forment une société et sont gouvernées
par une loi dont lui-même est l'incarnation; qu'il
est un composé de forces, unies pour un objet
déterminé; et qu'il est organisé en vue de la réalisation de cet objet; qu'il possède une conscience
commune, grâce à laquelle il se rend compte de
sa propre existence, de sa mission et de ses relations; qu'il est capable de déterminer ses actions
par la faculté de choisir qui appartient à la volonté
collective; enfin qu'il n'est pas seulement une unité
organique, mais qu'il possède intelligence et libre
arbitre dans les organes par lesquels il s'exprime,
il ne semble pas absolument fantaisiste de le
ranger dans la catégorie des personnes plutôt que
dans la catégorie des choses.

Si nous songeons, en outre, que l'État peut recevoir ou distribuer de bons ou de mauvais offices,
et cela d'une manière consciente, nous trouvons
évident qu'il a des droits et des obligations, tout
aussi réellement qu'un individu humain.

Le fait de la personnalité chez l'homme peut
échapper à notre puissance d'analyse et nous con-

duire dans les régions les plus mystérieuses de la
philosophie, mais il ne dépasse pas notre faculté
de description; et, si nous poursuivons l'analogie,
nous sommes forcés de conclure que, par les
qualités ci-dessus énumérées, l'État ressemble plus
à une personne humaine qu'à toute autre forme
d'existence à laquelle il puisse être comparé.

Nous ne sommes pas surpris, par conséquent,
d'apprendre que, dans la pratique, tous les jurisconsultes modernes sont d'accord avec Pufendorf
pour accorder à l'État l'attribut de la personnalité.
On peut admettre que ce n'est que par analogie
que le mot de personne peut être ainsi employé;
mais il faut reconnaître qu'il convient mieux à
l'État que la désignation de Léviathan que lui a
appliquée Thomas Hobbes (1588-1679), ou encore
que celle de *mécanisme*. Cette dernière, en particulier, fait abstraction de tous les caractères les
plus essentiels et les plus distinctifs de l'État, à
savoir la conscience de sa propre existence, l'intelligence et le pouvoir de se déterminer soi-même.
Si l'on objectait que ces qualités ne peuvent guère
être localisées dans l'État, si ce n'est comme fonctions des membres qui le composent et des
organes qui représentent ses décisions et ses actes
dans les ordres législatif, judiciaire et exécutif,
nous pourrions répondre que les fonctions de la
personnalité, chez l'individu humain lui-même, ne

sont pas connues, en dehors de leur rapport avec l'ensemble organique par lequel elles sont différenciées, unifiées et exprimées.

Par suite, nous pouvons, avec une garantie scientifique suffisante, accorder à l'État l'attribut de la personnalité, et ainsi reconnaître qu'il soutient avec le droit de nature des relations semblables à celles qui caractérisent l'individu humain, ou, comme l'appelle Pufendorf, « l'homme naturel ». Nous pouvons même, sans risquer de nous tromper, aller jusqu'à dire que l'État, pour la même raison que l'homme naturel, a des droits et des devoirs. Mais nous ne pouvons échapper à cette conclusion que, n'ayant pas toujours existé sous sa forme actuelle, ou même n'ayant existé sous aucune forme dans les conditions primitives de la société humaine, il est, en réalité, moins le produit de la nature que l'œuvre de l'homme lui-même. Le cours du développement naturel est continu, non peut-être qu'il suive toujours la pente ascendante d'un progrès ininterrompu, car il y a de longues périodes de repos relatif dans le travail de la nature; mais il est continu en ce sens que le rapport de cause à effet se présente à nous sous l'apparence d'une évolution, qui va des formes inférieures aux formes supérieures de l'existence, et à laquelle préside la nature, comme un créateur toujours présent. Le philosophe comme l'enfant,

l'État comme la famille, se relient au passé, ainsi
qu'à tout le système des forces naturelles et à leurs
lois, par la même chaîne de nécessité rationnelle.
L'État n'est, à aucun degré, une construction
artificielle et arbitraire. Il est la représentation
juridique de l'homme en tant qu'espèce, distingué
de l'homme en tant qu'individu. Il ne pouvait
pas se produire avant que son temps fût venu,
mais il ne pouvait pas manquer de se produire
et d'occuper sa place légitime dans le cours des
choses.

Relation de l'État à la loi morale.

Si ces propositions expriment la vérité, nous ne
pouvons échapper à la conclusion de Pufendorf,
d'après laquelle l'État est, en un certain sens,
non seulement une personne, mais encore une
personne morale. Nous serons sans doute forcés
de poser des limites à cette conception, si nous
voulons l'appliquer autrement que dans un sens
purement idéal; car il n'y a que trop de vérité dans
la conception de Machiavel, suivant laquelle l'État
est amoral, sous la forme où il a existé et existe
encore. Mais, avant de poser quelques-unes de ces
limitations nécessaires, considérons pour le moment
la relation de l'État avec la loi morale.

La loi morale, ainsi que nous l'avons déjà dit, se justifie par les conséquences qui résultent de sa violation. Il n'y a pas de force dans la nature, et il n'y a pas de force dans la société humaine, qui puisse imposer l'obéissance envers la loi morale, pour cette raison que c'est une loi qui dirige la vie intérieure, les dispositions, les intentions et les désirs, aussi bien que la conduite extérieure. Elle est ouverte sur chaque point à la désobéissance, et il est nécessaire qu'elle le soit, car c'est une loi de vie, et il s'agit de choisir entre la vie et la mort. Elle s'applique aux nations et aux États en tant qu'incarnations du droit, tout aussi bien qu'aux êtres humains. Il est même plus aisé de constater les châtiments qui suivent la violation de la loi morale quand il s'agit d'une nation que quand il s'agit d'un individu. « Sans doute, disent des écrivains d'une grande autorité[1], les États sont maîtres d'agir comme il leur convient, mais il n'est pas en leur pouvoir d'éviter que leurs actes ne produisent certains effets, et, parce que ces effets échappent le plus souvent à l'attention ou à la conscience des contemporains, ils n'en sont pas moins assurés. Si un État suit une politique violente et vexatoire à l'égard de ses voisins, il peut les contraindre à la supporter aussi longtemps qu'il demeure le plus

1. FUNCK-BRENTANO et SOREL, *Précis du Droit des Gens*, Paris, 1877, Introduction, p. 7 et 8.

fort, mais il provoque et excite des haines, qui tôt
ou tard éclatent contre lui. Si un État conclut un
traité de commerce et se sent assez fort pour
imposer ses tarifs à un État plus faible, il le peut;
mais, si ses calculs sont erronés, il se ruine. Si un
État impose à un adversaire vaincu un traité
abusif, ce n'est pas la paix qu'il fonde, mais la
guerre qu'il prépare..... Il se peut, sans doute, que,
dans l'espace d'une vie d'homme, le temps manque
pour que ces conséquences éclatent au grand jour;
elles se manifestent plus tard, elles se manifestent
infailliblement. Les hommes politiques peuvent
quelquefois jouir de l'impunité, parce qu'ils
meurent; les nations ne le peuvent jamais, parce
qu'elles vivent assez longtemps pour subir les
conséquences de leurs actes ».

« Les pères ont mangé des raisins aigres et les
dents de leurs enfants sont agacées »; la loi morale
a sa sanction dans les effets ménagés par la nature,
et, quoique le grain puisse mettre du temps à
mûrir, la moisson vient à la fin, bonne ou mauvaise.
Une politique de spoliation vicie le caractère
national du peuple qui la pratique, et, lorsqu'un
État n'est plus capable de voler ses voisins, celui
qui est fort vient opprimer et dépouiller chez lui
celui qui est faible, car l'extorsion est devenue la
pratique commune. Une indemnité de guerre
injustement prélevée sur un pays conquis, sera

dépensée bien des fois, si l'on veut conserver les forces nécessaires pour empêcher les vaincus d'essayer de reconquérir ce qu'ils ont perdu. Le rétablissement de l'équilibre peut se produire lentement, d'une façon inaperçue, mais on peut toujours compter sur l'avenir pour redresser les torts du passé.

Rien, donc, ne saurait être plus certain : les États sont punis quand ils violent la loi morale; et, cependant, il est clair qu'elle ne leur est pas complètement applicable, et qu'elle n'est pas la seule ou même la principale forme de loi qui les gouverne dans leurs relations réciproques.

On ne peut prétendre que la morale qui s'applique à la vie et à la conduite des individus soit également applicable aux États, de telle sorte qu'un État puisse et doive agir toujours exactement comme agirait un honnête homme. La raison en est dans la différence essentielle qui existe entre un État et un individu, l'homme individuel étant fait en vue d'une vie infiniment variée, tandis que l'État est créé pour une fin déterminée.

La loi morale, prise dans son ensemble, enveloppe tout le domaine des sentiments individuels, spécialement les dispositions du cœur. La charité, la bienveillance, la pitié, et surtout l'amour de Dieu et du prochain, sont, pour l'individu humain, l'objet essentiel de la morale; mais il serait diffi-

cile d'imaginer que ces qualités soient requises de
l'État.

L'État est une personne morale, en ce sens qu'il
possède des droits et des devoirs et qu'il est soumis à la loi morale; mais seulement en tant que ces
caractères sont compatibles avec sa nature. A
proprement parler, il n'est pas capable de sentiment et d'émotion. Il peut enregistrer, dans son
expérience, les conséquences de ses actes telles
qu'elles résultent de la loi de causalité, à laquelle
il n'échappe pas; mais il ne peut pas éprouver de
remords de ses fautes, il ne peut pas demander
grâce, il ne peut pas espérer de pitié.

La formule de la morale, pour l'État, se trouve
dans les principes d'équité et de justice. L'État est
l'équité et la justice, régulièrement organisées et
devenues conscientes d'elles-mêmes. Il n'est pas
autre chose, en réalité, que le côté juridique de la
nature humaine, telle que celle-ci se manifeste
dans une communauté organisée. A et B, et X, Y
et Z vivent en communauté. Si aucun d'eux n'a le
sens des relations juridiques, qu'ils ont les uns avec
les autres et si ces relations ne sont pas organisées si peu que ce soit, évidemment il n'y aura pas
d'État. Mais supposons que ces individus deviennent conscients de leurs relations juridiques, c'est-
à-dire de la nécessité où ils sont d'appuyer sur la
loi leurs droits et leurs obligations, et supposons

qu'ils se mettent à faire des lois et à en accepter
les uns des autres : au moment même où ce phénomène se produit, l'État est constitué comme
incarnation du droit; et la communauté ainsi
organisée, consciente de son unité, ayant elle-
même des droits et des devoirs à l'égard de ses
pareilles du dehors, et devenue capable de se diriger et de se déterminer elle-même par les organes
qu'elle a choisis, est désormais une personne
juridique, exactement comme la cellule sentante
d'un organisme vivant, unie dans un même corps
avec d'autres cellules, pourvue d'organes et pre-
nant ainsi conscience de sa faculté d'agir, devient
une personne naturelle. Ni dans un cas ni dans
l'autre, le processus n'est purement artificiel. Dans
les deux cas, il a été préparé et en partie réalisé
dans les étages inférieurs et inconscients de la
vie; et il s'est accompli grâce à l'opération d'une
loi interne de développement naturel, au moment
même où toutes ses causes nécessaires se trouvaient réunies.

Insuffisance de la loi morale en ce qui concerne l'État.

Il est concevable qu'une collection d'êtres vivants,
possédant des instincts moraux et obéissant à leurs
tendances, puissent vivre en communauté, sans

autre loi que la loi morale telle qu'elle leur est
révélée par la conscience individuelle. Si, dans une
telle communauté, les conditions de la vie étaient
uniformes, il suffirait d'un petit nombre de règles,
et si tous les individus qui la composent étaient
disposés à obéir à ces règles, ils pourraient vivre
une vie harmonieuse, paisible et heureuse. Il est
évident, pourtant, qu'à mesure que les relations
de la communauté deviendraient plus compliquées
et ses conditions d'existence plus diverses, à mesure qu'il serait plus difficile de contrôler la disposition des individus à obéir à ces quelques règles
très simples, à mesure aussi on se verrait forcé de
définir les droits et les devoirs avec plus d'attention. Des règles formelles devraient être posées,
soit par une autorité supérieure, soit d'après la
volonté de tous, et ces règles devraient être rendues obligatoires. Il est clair aussi qu'en ce qui
concerne les relations entre des communautés distinctes et coexistantes, la complexité croissante de
leur mode d'existence, leur solidarité réciproque
et leurs prétentions portant sur les mêmes territoires et les mêmes objets désirables, nécessite-
raient des mesures analogues. Si les communautés
s'organisaient en États et devenaient, en ce sens,
conscientes d'elles-mêmes, il serait nécessaire de
poser des règles pour assurer la correction de leurs
rapports. Avant qu'aucune tentative volontaire ait

été faite pour formuler ces règles, des coutumes se seraient établies, dont les unes eussent été assez bonnes pour durer et se perpétuer, et les autres trop déraisonnables et intolérables pour pouvoir être adoptées ; et il eût été indispensable de modifier ces dernières pour les rendre conformes aux intérêts de la société des États.

C'est précisément ce qui s'est produit au cours de l'histoire de l'humanité, et l'on a constaté que les lois morales sont à elles seules insuffisantes pour le gouvernement, soit d'une communauté isolée, soit des États dans leurs rapports les uns avec les autres. Il a donc été nécessaire de formuler certaines règles particulières, susceptibles d'être rendues obligatoires : ce sont les lois juridiques, lesquelles se distinguent des préceptes de la morale en ce que ces derniers n'obligent que la conscience et ne peuvent être rendus matériellement obligatoires.

Selon la théorie du droit international proposée par Pufendorf, la chose eût été impossible, car les États, étant indépendants et souverains, et n'ayant aucun supérieur commun qui puisse les obliger à obéir à la loi, ce que d'ailleurs notre auteur considérait comme superflu, aucune espèce de loi, autre que la loi morale, ne pourrait leur être appliquée. Tous seraient, par suite, laissés aux dictées de leur conscience ; mais, dans l'intérêt de la justice, de la paix et du bien général, ces dictées

devraient être clairement formulées, reconnues et
suivies.

D'après cette théorie, le droit international se
résumerait dans des conseils de perfectionnement
qui, à la vérité, obligeraient les États en tant que
personnes morales, mais qui ne les obligeraient que
moralement. Il s'agirait simplement d'ordonner à
l'humanité, comme un devoir constant, de s'appliquer respectueusement à la réalisation de ses destinées idéales, en ce qui concerne les relations
d'État à État, mais sans donner à ce commande-
ment aucune base positive, et sans fournir aucun
moyen de l'imposer par la force. Ce serait confesser
que l'État, tout en étant lui-même une incarnation
du droit et une personne morale, présente pourtant
des caractères si particuliers, qu'il ne peut rentrer
dans aucun système juridique obligatoire. Et, en
effet, quoique très supérieure à la doctrine de
Machiavel, d'après laquelle l'État serait essentiellement amoral, cette théorie a pratiquement le même
résultat en ce qui concerne l'organisation internationale, car elle limite l'autorité à l'étendue de
chaque État particulier, et elle ne fournit aucun
moyen d'assurer l'ordre universel, si ce n'est les
bonnes intentions des gouvernements, lesquelles
peuvent être sincères, mais peuvent aussi n'être
qu'illusoires.

6.

Prétendue indépendance de l'État à l'égard du droit.

Au cours des oscillations entre l'opinion extrême qui veut que l'État soit essentiellement amoral et cette autre opinion extrême qui fait de lui une personne morale soumise à toutes les obligations de la loi morale s'est développée une nouvelle doctrine, d'après laquelle l'État, bien que moral dans sa nature et dans ses fins, pourrait être exempté de l'obéissance à la loi morale, là même où celle-ci serait obligatoire dans les circonstances ordinaires.

Cette doctrine a été exposée très éloquemment par Gustave Rümelin (1815-1889), dans un discours sur les rapports de la Politique et de la Morale, qu'il prononça comme recteur de l'université de Göttingen :

« Nos tendances naturelles, dit-il, telles qu'elles sont manifestées par les opinions dominantes, nous pousseraient à affirmer avec force et sans hésitation que la politique doit être assujettie à la loi morale. Cependant, que la contradiction soit réelle ou apparente, nous devons admettre que certaines actions sont permises par le code de la morale politique, bien que défendues par la loi morale individuelle. Nous louons les hommes qui ont affranchi leur nation de l'esclavage, qui l'ont sauvée du démem-

brement, réveillée de son impuissance léthargique,
et élevée à une situation plus prospère, plus forte et
plus libre. Et cependant nous ne pouvons fermer les
yeux sur cette circonstance que ces progrès ont
été accomplis par des moyens qui, dans d'autres
conditions, eussent été totalement inadmissibles :
par l'intrigue, par la force, par le sang et le fer.
D'autre part, nous en voulons à un prince qui, bien
que doué d'une vive intelligence, d'une noble ambition et d'un sens moral délicat, méconnaît et
néglige les devoirs qui lui sont imposés par son
peuple et par son temps »[1].

Pour illustrer sa pensée, Rümelin montre la
différence qui existe entre l'estime dont jouit Frédéric le Grand comme écrivain et celle dont il
jouit comme homme d'État. Dans sa jeunesse, le
roi avait combattu les enseignements de Machiavel
avec le zèle le plus ardent, et il avait soutenu
qu'on ne peut avoir d'autre règle que la loi morale :
« Sans doute, dit Rümelin, son livre fut écrit
alors qu'il n'était encore que prince héréditaire, et
la politique de Frédéric comme roi, bien qu'elle
n'aille pas aussi loin que les principes enseignés
par Machiavel, a suivi une voie plus obscure et
plus tortueuse que celle qu'avait rêvée le jeune

1. Rümelin, *Reden und Aufsaetze*, Tuebingen, 1874 et 1894,
I, p. 144; traduit en anglais par Rudolph Tombo, sous ce
titre : *Politics and the Moral Law*, New-York, 1901.

écrivain du château de Rheinsberg. Et, cependant, il est incontestable que la postérité, tout comme l'opinion publique de son temps, a témoigné moins d'admiration pour les livres de Frédéric que pour ses actions. »

Nécessité d'interpréter la loi morale.

On peut envisager à différents points de vue la politique qui consiste à suivre des voies obscures et tortueuses dans l'intérêt de l'État, selon qu'on est au nombre de ceux qui en profitent, au nombre de ceux qui en souffrent, ou au nombre de ceux qui se posent en critiques et en juges de la conduite des hommes publics. A tout le moins n'est-ce pas un sujet sur lequel on puisse se mettre d'accord à l'aide d'arguments; car les apologistes comme les accusateurs partent de préjugés opposés et invincibles, et le juge impartial lui-même ne peut pas toujours pénétrer les motifs dont les actes se sont inspirés.

Il est clair, toutefois, qu'un acte injuste, accompli dans l'intérêt de l'État, ne cesse pas d'être injuste sous prétexte que celui qui l'a commis n'en a pas tiré d'avantage personnel; et on ne voit pas bien comment l'État, qui représente la justice, pourrait exiger qu'un tel acte fût accompli.

Mais un jugement sur une faute contre la morale

doit, pour être équitable, tenir compte de toutes
les circonstances du délit. On n'applique pas les
mêmes règles de conduite, soit qu'il s'agisse d'un
ami ou d'un voleur, d'un innocent visiteur ou d'un
assassin nocturne. Aucune action ne peut être
légitimement louée ou condamnée si l'on ne tient
compte de ses antécédents et de la circonstance
qui l'a provoquée. Nous ne pouvons pas, pour
prendre un exemple dans notre propre histoire,
condamner le président Lincoln comme voleur
pour avoir émancipé les esclaves des rebelles, bien
qu'en agissant ainsi, il ait privé ces derniers de leur
principale richesse. La justification de sa conduite
n'est pas seulement dans ce fait que l'esclavage est
une chose injuste ; car sa conduite eût pu se défendre
lors même que l'esclavage eût été une chose juste,
attendu que, derrière l'acte de l'émancipation, il
visait l'accomplissement d'une mission plus noble :
celle de hâter et d'assurer d'une façon durable la
paix de la nation. Or, pour l'accomplissement de
cette mission, il était indispensable que la cause
du conflit fût écartée, et cela d'un coup et pour
toujours. Dans les crises nationales, plus encore
que dans la vie des individus, il y a des moments
où l'existence dépend d'une décision; et cette
décision peut consister dans un choix entre les
deux termes d'une alternative, dont chacun contient une part de mal. Dans de tels cas, nous ne

violons pas la justice, là même où notre décision devrait entraîner d'immenses souffrances, à condition que notre intention et les effets de notre action soient en conformité avec le premier précepte de la loi morale, qui est de travailler au plus grand bien et de supprimer le plus grand mal. La vraie moralité, publique ou privée, consiste dans l'obéissance, non à la lettre qui tue, mais à l'esprit qui fait vivre.

Il ne semble donc pas qu'en choisissant le moindre de deux maux et en obéissant au plus impérieux de deux commandements contradictoires, on viole en aucune façon la loi morale; mais de tels cas demandent à être interprétés correctement. Un gouvernement ou un fonctionnaire public agissant au nom de l'État a certainement une responsabilité plus lourde que celle qui incombe à une personne privée quelconque. Cette vérité ne saurait être mieux exprimée qu'elle ne l'a été par Rümelin lui-même, quand il a dit : « L'homme d'État ne peut pas se dédoubler en deux personnalités, dont l'une, l'homme privé, posséderait une conscience, et dont l'autre, le politicien, en serait privé. Il serait aisé de démontrer la thèse inverse : celui qui agit pour les autres est soumis à des obligations plus strictes que celui qui agit pour soi. On ne reproche rien à un individu qui néglige ses propres intérêts. En tant que gardien ou déposi-

taire du bien d'autrui, la même négligence le ren-
drait passible d'une peine. De la décision d'un
homme politique dépend le sort de millions d'individus, et, plus son mandat est élevé, plus sa
responsabilité morale est grande. »

L'homme d'État et la moralité dans la politique.

« Il résulte de ce fait, continue Rümelin, que
c'est l'homme politique seul, en tant qu'individu,
qui est soumis à la loi morale. Il n'en est nullement de même de sa politique. L'obligation
morale, dans son sens le plus élevé, pèse sur
l'homme d'État; mais le contenu de ses devoirs
n'est pas prescrit par là. »

Il est difficile de comprendre comment des propositions aussi contradictoires peuvent coexister
paisiblement dans un même cerveau. Sans doute,
il y a, dans la loi morale, beaucoup de préceptes
qui ne s'appliquent pas à l'État, à cause de sa
nature particulière; mais comment un homme
pourrait-il être assujetti à la loi morale en tant
qu'individu, et ne pas lui être assujetti dans ses
actes politiques, s'il est vrai, comme on nous
l'assure, qu'il ne peut se dédoubler en deux personnalités, l'une douée de conscience, l'autre
dépourvue de conscience? Qui donc, alors, lui

dicte sa politique? Quel maître a le pouvoir de lui imposer une politique dans laquelle la loi morale n'est pas respectée? Rümelin répond : l'intérêt propre de l'État.

On admet que la justice est le milieu dans lequel se meut l'État, que le sens du droit est la source première de son existence, et que mépriser la justice, c'est miner ses fondements. « Néanmoins, ajoute-t-on, la relation de l'État à la justice diffère essentiellement de celle de l'individu. Les intérêts des États étrangers ne doivent être pris en considération que lorsqu'ils n'entrent pas en conflit avec les nôtres. »

Il est vrai que l'intérêt personnel est à la base de l'action de l'État ; il en est de même en ce qui concerne les affaires privées et la plupart des actions humaines. Mais y a-t-il, dans la nature de l'État, quelque chose qui fasse de l'intérêt personnel la seule mesure sur laquelle doive se régler la politique, et qui, par suite, dispense les hommes d'État de conformer leurs actes publics aux principes de la morale?

Dans un autre discours universitaire, prononcé par Lord Lytton (1831-1891) devant l'Université de Glasgow en 1888, il était affirmé que la différence qui existe entre l'État et un individu privé est de telle nature, que les mêmes règles de conduite ne peuvent presque jamais s'appliquer à l'un et à

l'autre[1]. Pour mieux faire ressortir cette différence, le noble Lord, diplomate célèbre qui avait
été Vice-Roi des Indes, et dont l'autorité en tant
qu'homme d'État était considérée comme de premier ordre, exposait qu'un individu peut trouver
qu'il a le devoir de sacrifier sa vie pour le bien
d'autrui, tandis que personne ne jugerait possible,
dans aucune circonstance, qu'une nation pût avoir
le devoir de se suicider au profit d'une autre
nation, ni même au profit de l'humanité tout
entière. Pour mieux insister encore sur la différence qui existe entre une personne privée et une
nation, il ajoute : « Les Écossais peuvent s'enivrer,
l'Écosse ne sera jamais ivre. »

Sans nous arrêter à nous demander quelle serait
la situation de l'Écosse si tous les Écossais étaient
ivres en même temps, nous passons à l'argument
sérieux de Lord Lytton, d'après lequel une nation
n'aurait pas seulement le droit, mais le devoir
d'agir avec un égoïsme plus grand que celui qui
serait permis à un simple individu dans des relations
analogues, sous prétexte que les nations sont des
agrégats de citoyens se confiant mutuellement la
garde de leurs intérêts. « La signification morale
de ce qu'on appelle égoïsme national, dit-il, est,
par là, complètement changée : ce n'est plus de

1. Imprimé à Londres, dans le *Times*, le 10 novembre 1888.

l'égoïsme au sens propre du mot, mais du patriotisme. »

Au fond, cet argument signifie que, lorsque les
armées de terre et de mer sont mises en branle
pour servir les injustes prétentions et les ambitions inassouvies de A, de B et de C, ce n'est pas
égoïsme, mais patriotisme, de la part de X, Y et Z
d'approuver cette action et de payer la note.

Moralité publique et moralité privée.

Il est tout à fait impossible d'établir, même
par les sophismes les plus ingénieux, que des
hommes publics ne sont pas responsables de la
politique de la nation, ou que la nation, dans son
ensemble, possède quelque caractère qui la dispense de professer l'honnêteté commune et d'agir
avec loyauté.

Lorsque Lord Lytton cite les paroles d'un Lord
Chancelier disant : « Une corporation n'a pas de
corps pour recevoir des coups ni d'âme pour être
damnée », et qu'il ajoute : « Il en est de même
des nations », il travaille à perpétuer une erreur
qui a détruit des empires et renversé des
royaumes. Il n'y a pas de corps politique qui ne
puisse recevoir de profondes et durables blessures; et l'esprit de cupidité, introduit dans la
politique internationale, a, dans bien des cas,

provoqué de terribles représailles. Et c'est sur un tel raisonnement, ou plutôt sur un tel dogmatisme, refusant à une nation un corps et une âme, que ce brillant rhéteur établit ses conclusions, d'après lesquelles « la morale publique et la morale privée diffèrent si complètement entre elles, que c'est à peine si une proposition applicable à l'une peut être également applicable à l'autre... Il n'y a qu'une obligation qui ait une place dans la morale publique : la justice ; et cette sorte de justice qui trouve sa place dans la morale publique est tout à fait différente de la justice qui concerne les individus privés. Elle consiste principalement dans la modération et dans l'emploi de prétextes acceptables. »

A cette conception amoindrie de la morale publique, Lord Lytton ajoute cette opinion, qui, d'ailleurs, ne s'appuie sur aucun raisonnement, que, « bien que le mensonge, l'indifférence à la souffrance humaine, la rapacité et la cruauté ne perdent pas leur caractère essentiel par ce fait qu'ils se rencontrent dans des actions publiques, nous ne devons pas juger les hommes politiques comme nous jugerions des personnes privées. »

Dans cette savante réédition de la théorie de Machiavel, il n'est donné aucune raison sérieuse qui puisse autoriser un officier public à pratiquer la trahison ou la cruauté au bénéfice de l'État, et

l'on ne voit pas davantage pourquoi l'intérêt de
l'État exigerait que la politique fût servie par des
vices et des crimes généralement condamnés.

A ceux qui se rappellent les circonstances dans
lesquelles parlait Lord Lytton il n'est pas nécessaire d'expliquer que, bien que cette dernière apologie du Machiavélisme ait pris la forme d'un
discours universitaire, elle n'était pas du tout
l'expression calme et désintéressée d'un jugement
académique. Ainsi que l'a dit un historien anglais :
« Le monde avait assisté à un étrange spectacle.
On avait vu un brillant et puissant législateur,
ayant pris le pas sur les anciennes dynasties de
l'Inde, se retirer dans la vie privée, au fond
de lointaines îles septentrionales, pour obéir à
des bulletins de vote silencieusement jetés dans
l'urne »[1]. Et un autre historien anglais a dit :
« L'élection générale de 1880 ne fut pas la simple
oscillation d'un pendule : ce fut une condamnation
énergique... et un jugement en faveur de la politique correcte et modérée, qui n'est autre chose
que de la morale en grand »[2].

Depuis ce temps, il ne s'est trouvé, à notre
connaissance, aucun avocat pour soutenir ouver-

---

[1]. ROSE. *The Development of European Nations*, Londres,
1905, p. 406.

[2]. PAUL. *A History of Modern England*, Londres, 1906,
p. 137.

tement que les hommes soient, dans leurs actions
publiques, soustraits aux règles ordinaires de la vie
privée. La conviction semble, au contraire, aller
grandissant, que les mœurs politiques doivent être
en harmonie avec la loi morale. Mais ce n'est
même pas assez dire. On croit que l'État, comme
personne juridique, n'est pas libre de choisir les
principes de sa conduite, mais est tenu, par sa
nature même, d'obéir aux lois positives par lesquelles ses droits et ses devoirs sont explicitement
déterminés. Les moyens de donner une sanction à
ces lois peuvent être encore inadéquats et défec-
tueux, et il est, par conséquent, nécessaire, dans
certaines circonstances, que l'État soit assez fort
pour défendre ses droits s'ils sont attaqués. Mais,
plus on considère la question, mieux on comprend
que la source première de la force d'une nation
est dans la conscience de son peuple. Il devient de
plus en plus clair que de bons citoyens, qui
cherchent à vivre honnêtement ur vie conformément à des lois justes, ne sauraient être raisonnablement incités à prêter la main à un acte de
spoliation quelconque, accompli aux dépens des
honnêtes gens des autres nations. Quels que soient
les sophismes à l'aide desquels on cherche à
dissimuler la vérité, le vrai patriotisme ne saurait
consister à servir un esprit d'avidité nationale,
fait de l'égoïsme ou des injustes prétentions des

7.

autres, et à revendiquer le droit de porter la parure
de l'altruisme, sous prétexte que soi-même on
n'a recueilli aucun profit! Tout au contraire, le
vrai patriotisme ne peut s'associer à la sanction
publique de ce qui serait déshonorant chez chacun
de nous. Il est de son essence de rester fidèle aux
principes de justice et d'équité, sur lesquels repose
toute l'autorité de l'État; et il trouve sa plus noble
satisfaction à faire triompher ces principes partout contre les prétentions iniques des ambitieux et
contre la domination funeste d'une politique oppres-
sive.

CHAPITRE III

L'ÉTAT COMME PROMOTEUR DE LA PROSPÉRITÉ GÉNÉRALE.

Le devoir de l'État envers ses membres. — L'État et son gouvernement. — La défense des intérêts nationaux. — Le développement d'une conscience nationale. — Le gouvernement comme curateur de l'État. — La fonction de la diplomatie. — Dangers résultant d'avantages *in posse*. — Devoirs de l'État comme entité juridique. — Prétendu égoïsme fondamental de l'État. — Les maximes classiques de la diplomatie. — L'élément nouveau de l'État moderne. — Nécessité de garantir la justice.

En définissant l'État moderne comme l'incarnation du droit et en montrant la place que, par suite, il occupe dans l'ordre juridique abstrait, on n'entend pas pour cela nier ou dissimuler ce fait qu'il a, en dehors de son rôle juridique, une mission importante à remplir. Le caractère géographique de l'État moderne lui impose un grand nombre de devoirs et lui crée beaucoup de droits et d'intérêts qui réclament l'attention de ceux qui sont chargés de la conduite de ses affaires. Ses

actes ne sauraient, par conséquent, lui être dictés
à l'avance, et son libre arbitre est absolument
indispensable à l'accomplissement de ses destinées;
car il est chargé de la haute mission de travailler
à l'amélioration de la condition de tous ses
membres.

Il est important, toutefois, si l'on veut se faire
une juste idée de sa place dans un système général,
de déterminer autant que possible en quoi son
caractère juridique peut être modifié, si tant est
qu'il doive l'être. par la mission qui lui est ainsi
confiée.

Le devoir de l'État envers ses membres.

L'État peut contribuer de plus d'une manière au
bien-être des individus qui composent sa population.
Il peut fonder ou administrer des établissements
d'utilité générale trop considérables ou trop com-
pliqués pour les entreprises privées ou corporatives.
Il peut se charger des frais et de la direction de
l'éducation publique; de l'administration des
moyens de communication; de l'exploitation des
ressources naturelles du pays ; de l'avancement de
la science et de la culture artistique ; enfin de la
propagation des idées morales et religieuses. Mais
aucune de ces tâches ne constitue sa fonction
distinctive et essenti...; et, si quelques-unes

d'entre elles sont placées sous sa surveillance, c'est parce que l'on suppose qu'un tel régime sera le plus favorable au bien de l'organisme social. On ne peut dire, toutefois, qu'aucune d'elles rentre dans la sphère des devoirs stricts de l'État, à moins qu'il n'en ait déjà accepté la responsabilité; et, comme elles pourraient tout aussi bien être confiées à des sociétés privées, elles ne peuvent en rien affecter le caractère général de l'État.

D'autre part, la protection des droits est la première fin en vue de laquelle existe l'État, et elle constitue sa principale obligation. C'est son caractère juridique, et lui seul, qui lui confère l'autorité suprême sur les citoyens, et qui met son droit d'exister et de commander au-dessus de toute discussion. Ses titres à l'accomplissement d'autres fonctions peuvent être mis en question et varier avec les circonstances; mais, tant qu'il reste fidèle à sa nature essentielle, il demeure inattaquable.

L'histoire tout entière confirme cette opinion; car il est bien rare que la révolte ait triomphé d'un gouvernement, lorsque celui-ci avait maintenu fidèlement et intelligemment à l'État son véritable caractère de protecteur des droits humains. Les révolutions ont été presque toujours une protestation d'hommes lésés ou opprimés, contre quelque forme d'injustice ou de mauvaise administration. L'État n'a jamais échoué que lorsqu'il s'était détourné de sa destination normale et servait des desseins pour lesquels il n'est point fait.

On voit par là que la force véritable aussi bien que la dignité intrinsèque d'un gouvernement lui viennent surtout de la pleine réalisation de son idéal juridique. Quelle que soit la force matérielle dont il dispose, c'est de cette manière et de cette manière seulement qu'il pourra parvenir à s'associer les forces morales de la nation.

Bien que l'État appartienne distinctement à l'ordre juridique, quant à sa nature essentielle, il est, pour cette raison même, tenu de jouer un rôle actif dans le domaine de l'action matérielle. Pour imposer l'obéissance envers la loi, il est souvent obligé d'employer la force, et parfois la force armée. Comme personnification du droit, et non parce qu'il échappe aux règles de l'action ordinaire, il peut imposer l'obéissance à ses lois et protéger sa propre existence contre les attaques de toute nature. Représentant essentiellement la force mise au service de la justice, il dispose, sur toute l'étendue de ses territoires, de tout ce qui est force ou combinaison de forces. Il ne peut tolérer aucun *imperium in imperio*, que ce soit sous forme de grandes richesses ou de richesses combinées, sous forme de sociétés organisées ou d'intérêts associés; et il a le droit de détruire tout ce qui, activement ou passivement, porte atteinte à son autorité.

On a dit qu'étant ainsi autonome l'État est à
lui-même sa propre fin. C'est une erreur. Il existe
pour servir les fins en vue desquelles il a été constitué, c'est-à-dire la réalisation et la protection des
droits de ses citoyens. En lui-même il n'est pas
une fin, et il ne possède aucun droit qui ne soit
fondé sur les droits qu'il a mission de protéger.

L'État et son gouvernement.

Nous rencontrons ici la distinction entre l'État
et le gouvernement ou les formes du gouvernement. Un gouvernement peut consister dans des
personnes qui agissent au nom de l'État, mais
ces personnes ne peuvent agir que comme représentants de l'État : elles ne sont pas l'État lui-même.
Et même, si leur conduite est illégale, elles ces-
sent de représenter l'État. D'autre part, aucune
forme de gouvernement ne s'impose pour représenter l'État. Le gouvernement peut prendre la
forme monarchique, oligarchique ou démocrati-
que, pourvu qu'il travaille réellement dans l'intérêt de la loi et de l'ordre, et qu'il soit capable de les
maintenir. Le droit de créer l'État enferme le droit
de choisir la forme qu'il adoptera ; et la valeur de
cette forme doit être jugée entièrement, dans
chaque cas particulier, d'après la manière dont

elle s'adapte au génie du peuple, à ses traditions, à ses capacités, à ses préférences.

La principale fonction de l'État étant d'agir comme gardien des droits, son premier devoir est d'assurer à chaque individu la possession de ses droits. Mais il n'est pas aussi facile qu'il le semble à première vue de déterminer quels sont les droits de l'individu. La question des droits se ramène, en somme, à la question de la personnalité, car toute personne possède des droits; mais cette question est aussi liée intimement à l'ensemble de l'évolution sociale, puisque de nouveaux droits se font jour à chaque moment dans son développement. Les droits de l'enfant, de l'adulte, des parents, des époux, des citoyens, et beaucoup d'autres droits, se développent avec les progrès de l'individu et avec la multiplication de ses relations sociales. L'État suit l'individu, ou plutôt lui prépare sa place, dans ces nouvelles relations, en lui assurant la protection nécessaire.

En dehors de ses droits, il est un autre ordre de choses, précieuses pour l'individu, que l'État est à même de garantir, à savoir ses intérêts. Il y a une forte raison pour que le gouvernement veille sur les intérêts de ses citoyens, lors même que ces intérêts ne se présentent pas comme des droits: c'est qu'une telle conduite contribue à rendre le gouvernement acceptable pour ceux dont il favorise les ambitions et qu'il aide à réaliser leurs désirs. On regarde toujours comme un grand avantage de mettre le pouvoir de l'État au service des intérêts privés, en leur concédant des exemptions, des monopoles ou des privilèges particuliers; et tout gouvernement risque de céder à la tentation de se faire des partisans en accordant ces avantages aux citoyens les plus influents; mais c'est là entrer dans une voie très dangereuse.

Personne ne soutiendrait qu'un groupe d'individus, occupant un territoire donné, puisse fonder une association sans autre but que le pillage, ou même le gain fait en commun, et venir ensuite réclamer le droit d'être reconnu comme formant un État. Il est clair également qu'un groupe de personnes, se trouvant provisoirement à la tête d'un gouvernement, ne pourrait abuser de sa situation pour se livrer au pillage, en abritant son entreprise sous l'égide de l'État, lors même que le butin devrait être partagé également et équitablement entre tous les citoyens.

La défense des intérêts nationaux.

Il est pourtant certains intérêts nationaux qui semblent, à première vue, pouvoir absorber à leur profit toutes les forces de l'État: ce sont les intérêts généraux qui s'attachent à l'industrie, au

8

négoce, au commerce et à l'exploitation de certaines contrées encore complètement ou en partie
sauvages, intérêts que l'État seul peut encourager
et protéger. De tels intérêts ont un caractère
public, parce qu'ils influent sur la prospérité du
pays tout entier, spécialement en ce qui concerne
sa lutte économique avec les autres pays.

Que dire de ces intérêts?

Il serait dangereux de poser en principe que
l'Etat peut partout, sans exception, appliquer
toutes ses forces à la poursuite de ses intérêts matériels, et qu'il peut particulièrement y employer
ses armées de terre et de mer. On sait que, non
seulement les gouvernements sont tentés d'agir
ainsi, mais qu'ils cèdent souvent à la tentation et
font, en fait, cet usage de leur force; et il serait
facile d'en trouver des exemples, et même des
exemples d'un caractère extrêmement odieux.
Prenons, pour ne citer que des faits très connus, la
politique qui consiste à forcer la Chine à admettre
l'usage de l'opium contre le vœu de toutes les
autorités publiques, et l'emploi que l'on fait des
navires de guerre pour se faire donner des indemnités, imposées arbitrairement, relatives à des
méfaits qui n'ont jamais réellement été commis,
ou qui sont tout à fait hors de proportion avec
les torts causés, et cela sans même simuler une
enquête judiciaire.

C'est cet usage purement arbitraire de la force au profit d'intérêts réels ou imaginaires qui rend si menaçante la puissance prépondérante de certaines nations vis-à-vis des autres, et qui incite les plus petites ou les plus faibles elles-mêmes à entrer en lice pour lutter à qui aura les plus forts armements.

Il est évident que la poursuite forcenée de ces prétendus intérêts, qui ne sont pas des droits bien définis, peut, à tout moment, amener une collision des grandes Puissances, et perpétue la honteuse injustice qui pèse sur les petites et les faibles. C'est la source d'angoisses sans fin et même d'un état d'inquiétude chronique. Cette poursuite fait l'affaire de tous les aventuriers qui trouvent leur avantage à fausser ainsi les pouvoirs de l'État, mais elle est en opposition avec la volonté et le désir du nombre beaucoup plus grand d'honnêtes et fidèles citoyens de tous les pays, qui, par leur industrie et leurs entreprises légitimes, fournissent à l'État les ressources qui font sa force.

Ce n'est, sans doute, pas à dire pour cela qu'un gouvernement doive être indifférent à ses intérêts réels ou à ceux de ses citoyens. Au contraire, il doit les soutenir et les protéger par tous les moyens honorables. Il doit veiller à ce que l'État qu'il représente ne soit privé d'aucun des droits dont jouissent les autres États dans les pays étran-

gers, et à ce que tous ses citoyens soient partout
traités avec justice. Pour ces objets, toutes les
forces de l'État doivent être mises à contribution
s'il est nécessaire, car c'est là sa fonction normale
et son devoir.

Ce qu'il faut dire et répéter avec insistance, c'est
que l'intérêt supérieur de tout État exige qu'il conserve envers et contre tout son caractère juridique.
C'est sa meilleure protection contre les soulève-
ments et les révoltes de l'intérieur, et contre les
agressions de l'extérieur. En tant que personnification du droit, il doit travailler vaillamment à
étendre le règne de la justice et à supprimer celui
de la force, et, dans cette vue, à réprimer le pillage
sur ses territoires et à l'empêcher de s'exercer
au dehors. Les injustes exactions, non seulement
affaiblissent son prestige, mais encore altèrent sa
vraie nature, car elles sont la négation de ces
principes de justice que l'État a pour mission de
rendre efficaces.

Le développement d'une conscience nationale.

On observe avec satisfaction de nombreux signes
d'un progrès général de l'opinion publique à cet
égard. Ainsi qu'on le constate dans le développement d'un individu, on peut s'attendre à voir, dans
le développement d'une communauté juridique, le

sens des droits et des intérêts s'éveiller avant la
conscience sévère des devoirs. Un État bien organisé est celui où l'on est bien décidé à placer les
droits des personnes et de la propriété sous la protection de lois équitables. Lorsque cette tâche a été
accomplie au sein de l'État, il n'est que trop aisé
pour une communauté de considérer ses propres
intérêts comme opposés à ceux du reste du monde
et de méconnaitre les droits des autres communautés. C'est là, tout simplement, le signe d'un
développement incomplet; mais cet état n'est pas
nécessairement définitif. Toutefois, à ce moment
de leur développement, les nations traversent
ordinairement une phase où elles se considèrent
comme des entités distinctes, n'ayant, avec les
autres nations, aucun lien d'intérêt et aucune
obligation commune; semblables en cela aux
jeunes enfants qui souvent font graviter leurs
idées autour de leurs désirs immédiats, jusqu'au
moment où leur sens moral s'éveille. Les tribus
sauvages, dont le développement a été arrêté, restent figées dans cette forme inférieure de l'existence; elles vivent dans un état perpétuel d'isolement et d'hostilité les unes à l'égard des autres.
Mais, au cours du progrès de la civilisation, les
communautés étendent de plus en plus leur sentiment de solidarité sociale par delà leurs frontières, jusqu'au moment où ce sentiment em-

8.

brasse d'autres communautés de même espèce.

Il semble que ce fût une nouveauté, lorsque, dans le premier quart du xviiᵉ siècle, Grotius écrivit : « Si aucune communauté ne peut subsister sans observer les règles du droit dans une certaine mesure, ainsi que le prouve Aristote par l'exemple des brigands, lesquels sont obligés de reconnaitre entre eux quelque principe d'équité, à plus forte raison la race humaine, c'est-à-dire un grand nombre de peuples, ne peut-elle s'en passer[1]. »

Sans doute, quand nous y réfléchissons, nous découvrons qu'il y a précisément les mêmes raisons pour établir la justice parfaite entre les différentes nations qu'entre les différents membres d'une même nation; mais les tribus sauvages et les brigands ne partagent pas cette opinion. Leur objectif est, non de propager la justice, mais de faire du butin. Pour cette fin ils trouvent nécessaire de s'entr'aider et de s'organiser; mais la distribution du butin révèle, à l'occasion, l'existence de certains droits qui exigent satisfaction. Ainsi, même parmi les sauvages et les brigands se fait sentir la nécessité de prendre les droits en considération. Ici, il est vrai, la communauté ne considère pas encore les droits comme formant la base de la vie sociale, mais continue à les traiter comme des accidents.

1. GROTIUS. *De Jure Belli ac Pacis*, Prolegomena, xxiv.

Quand il s'agit de nations civilisées, il en est tout autrement. Celles-ci ne sont pas des associations formées en vue du pillage ou même du lucre. L'État moderne, étant l'incorporation publique des droits, ne peut être mis sur la même ligne qu'une communauté de voleurs ou de mercenaires. Il s'est élevé du niveau de la barbarie à celui de la civilisation, et il ne peut manquer d'être considéré comme coupable, s'il emploie les mêmes procédés qu'une horde de barbares, alors même qu'il pourrait, grâce à une force supérieure, s'assurer l'impunité.

Le Gouvernement comme curateur de l'État.

Lors, donc, qu'un gouvernement redescend, fût-ce momentanément, des hauteurs de l'action juridique, et fait retomber l'État au niveau d'une communauté de pillards, il dénature l'institution qu'il a la prétention de représenter; car, en poursuivant une fin qui ne résulte pas d'un droit, il cesse d'agir comme tout État devrait agir.

Toutefois, il ne faut pas oublier que, comme instrument de la prospérité générale, l'État a pour mission de protéger et de servir des intérêts aussi bien que des droits, pourvu que ces intérêts soient de nature collective, c'est-à-dire concernent le corps politique tout entier. Il n'est p · seulement une entité juridique, mais encore une entité économique. Il possède des propriétés, il perçoit des revenus, il accepte des obligations financières, et, d'une manière générale, il surveille et organise le bien-être matériel de ses citoyens. Il y a des intérêts qui regardent essentiellement l'État. Il est spécialement responsable de la manière dont la prospérité industrielle et commerciale de la nation est affectée par les autres États, particulièrement en ce qui concerne l'extension ou la restriction des marchés étrangers, les facilités offertes à ses citoyens pour entrer dans les entreprises auxquelles ils désirent participer dans des contrées moins avancées, enfin, le sort fait aux territoires convoités pour la même raison par d'autres Puissances, qui désirent les conserver pour leur bénéfice exclusif.

Par quel moyen peut-on déterminer si un intérêt mérite d'être poursuivi comme un droit, et, en conséquence, peut légitimement être protégé par toutes les forces qui sont aux mains de l'État?

Il faut admettre que cette détermination n'est pas toujours facile. Il y a beaucoup d'intérêts nationaux qui nous semblent tout d'abord réels et importants, mais qui ne participent en rien de la nature des droits. Nous souhaitons, par exemple, de nous assurer un marché, pour l'écoulement de nos marchandises, dans un pays étranger; mais nous ne saurions prétendre que nous ayons un

droit positif relativement à ce marché. Les habitants
d'un pays étranger peuvent acheter où il leur plaît
ou ne pas acheter du tout, et n as n'avons ni le
droit de les forcer à acheter, ni celui de les condamner parce qu'ils n'achètent pas ce dont ils n'ont
pas besoin. Et pourtant, s'ils achètent à d'autres et
font leur choix contre nous, nous trouvons qu'ils
nous privent de ce qui nous est dû. Un intérêt,
et nous entendons simplement par là un avantage
virtuel, peut ainsi facilement prendre la forme
d'un droit, quand il s'agit d'obtenir des possibilités
égales. Nous semblons tout à fait autorisés à réclamer le droit abstrait à une chance égale.

Mais un tel droit, en admettant qu'il existe,
devrait être analysé avec grand soin avant de
recevoir une forme concrète, et pourrait difficile-
ment être défendu les armes à la main. Si nous
cherchions la raison de ces préférences d'autrui,
nous la trouverions peut-être dans notre conduite
préalable, peut-être dans certain arrangement de
réciprocité, peut-être enfin, dans la volonté de nous
être désagréable. Nous aurions alors à décider
quelle conduite nous devrions tenir en retour.

La fonction de la diplomatie.

Il devient évident, avant même que nous entrions
plus avant dans l'examen de cette question, qu'outre

les relations juridiques, qui doivent exister entre les nations, il y a des relations d'un caractère plus général, que l'on peut appeler relations sociales. Les États sont des entités indépendantes qui, par leur pouvoir de se servir ou de se desservir mutuellement et par leur attitude amicale ou hostile, ressemblent fort à des personnes naturelles. Ils ont besoin, par suite, de reconnaître et d'entretenir, s'il est possible, des relations sociales, en même temps que des relations juridiques. Ces relations doivent être établies par l'intermédiaire d'individus, car les rapports de bon voisinage ne peuvent jamais être réduits à l'action d'un pur mécanisme. Ils supposent un échange constant de politesses, de communications amicales, de paroles rassurantes et d'explications. Telle est la fonction de la diplomatie, fonction considérée parfois comme superflue, mais qui a, en réalité, une importance immense, et qui, même, est indispensable au maintien de la bonne entente et des relations amicales. Si les voisins ne se rencontraient jamais que devant les tribunaux, pour se disputer sur leurs droits et leurs torts respectifs, il serait difficile de compter sur un état pacifique de la société.

C'est précisément dans le domaine des intérêts qui ne sont pas encore des droits parfaits, que le diplomate trouve son principal champ d'action. Il représente des intérêts, bien plutôt que des droits

établis. Il transforme en droits les intérêts. Il prépare et il interprète les traités qui fournissent aux
droits leur fondement positif. Il rappelle leur
existence, veille à ce qu'ils soient appliqués; et, là
où ces droits sont trop restreints, il tente de les
élargir, ou tout au moins il essaie de faire que les
nations restent entre elles dans des rapports de
conversation. Ce n'est pas une petite tâche, ni une
tâche inutile, que celle qui consiste à aplanir la
voie qui mène aux solutions justes, et à être personnellement le canal par où la raison, la bienveillance et la faculté de se comprendre mutuellement s'échangent librement de nation à nation.

Grâce à cette continuelle intervention, qui ne
doit jamais se vanter de son propre succès et qui
réussit d'autant mieux qu'elle est moins apparente,
les intérêts peuvent, non seulement être trans-
formés en droits et rentrer ainsi dans la sphère des
relations juridiques, mais encore être reconnus
comme tels par les uns et par les autres. Tous les
articles du droit international et toutes les clauses
des traités ont été ainsi élaborés peu à peu par la
diplomatie, et ces résultats, quelque imparfaits
qu'ils soient, constituent un des fruits les plus
beaux et les plus précieux de la civilisation.

Dangers résultant d'avantages « in posse ».

Il est important de remarquer que tout ce qui
apparaît comme un intérêt précieux, dans le sens
d'un avantage *in posse* distingué d'une revendica-
tion *in esse*, a bien des chances pour être identifié
avec un droit par la personne ou par le peuple qui,
dans son évolution mentale, en est arrivé à le
mettre à son actif. C'est précisément pour des
objets de cette sorte que, psychologiquement, la
nature humaine est le plus disposée à combattre,
parce qu'il lui semble que c'est seulement en com-
battant qu'elle pourra les obtenir. Il est très dur de
voir s'évanouir des projets, des attentes, des espérances que l'on a pris pour des réalités ; et il est
facile à un homme déçu de s'imaginer qu'on lui
a volé ce qu'en réalité il n'a jamais possédé.
Quand ces déceptions ont un caractère public,
quand toute une nation, ou la partie turbulente
d'une nation, éprouve ce sentiment de désappoin-
tement, alors il faut toute la force morale d'un
gouvernement ferme et intelligent pour prévenir
les suites naturelles de cet état d'esprit. Dans de
tels cas, il est rare que les faits puissent être ana-
lysés avec circonspection, que les principes généraux soient vraiment appliqués, et que l'on soit
disposé à attendre et à examiner. La surexcitation

des passions semble justifier une action prompte
et violente, bien que, dans un semblable moment,
l'action puisse prendre une fausse direction.

C'est dans de tels instants, lorsque le public
pense que de grands sacrifices ont été accomplis,
ou que des torts imaginaires doivent être promptement vengés, que le rôle du gouvernement devient
le plus délicat. Car, dans les pays où la volonté
du peuple est considérée comme souveraine, le
gouvernement se sent irrésistiblement poussé à
céder à une forte impulsion populaire. C'est alors
que des principes établis et bien éprouvés sont
nécessaires, non seulement pour déterminer les
obligations de l'État, mais pour empêcher son
action d'être trop précipitée. D'une manière générale, un état d'esprit qui réclame une satisfaction
immédiate procède de la passion plutôt que de la
raison; et, dans l'intérêt de la justice, il peut attendre sa satisfaction.

Devoirs de l'État comme entité juridique.

C'est le devoir de l'État de prévenir, autant que
possible, ces sortes de situations, en posant à
l'avance des principes généraux et en établissant
des méthodes de procédure qui soient conformes
à la raison. C'est précisément ce que les gouvernements se sont, en général, montrés très peu dis-

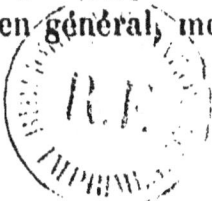

9

posés à faire. Ils hésitent à limiter leur propre
liberté d'action; ils aiment à penser que, puisque
c'est un avantage pour l'État de conserver son
caractère absolu, c'est aussi son droit de le faire,
et que, du moment où l'État n'a pas de mauvaises
intentions, cet absolutisme ne saurait mettre la
paix et l'ordre du monde en péril. Souvent un
gouvernement se comporte ainsi, sous prétexte
qu'il n'a pas le droit de laisser l'État moins libre
qu'il ne l'avait trouvé.

A première vue, il y a quelque chose de sédui-
sant dans cette attitude qui consiste à refuser de
prendre des mesures préventives et d'assumer des
obligations. Mais, que dire, demande-t-on, si l'honneur de l'État se trouve engagé de telle sorte qu'il
ne puisse être défendu que par un appel immédiat
aux armes et par l'épreuve d'une bataille? N'y
a-t-il pas des circonstances où l'indignation doit se
manifester promptement, sans attendre la discussion?

Il est certain qu'une nation attaquée doit être à
même de repousser promptement l'assaut, et que,
par suite, il serait insensé de lui recommander
d'être faible; car il n'y a pas de bon argument
contre le droit de légitime défense. Il peut quelquefois être nécessaire de se venger promptement
d'une injure préméditée, mais il est rare que la
chose nécessite une effusion de sang; et il est par-

fois dangereux de se hâter d'accomplir une action irrévocable.

La question fondamentale est celle-ci : quel est le devoir de l'État comme personne juridique? A moins de vouloir retourner à la barbarie, il nous faudra toujours revenir à cette question. Or, en quoi consiste l'honneur pour une personne juridique? Ne consiste-t-il pas à conserver son caractère juridique? Comment l'honneur pourrait-il être mieux manifesté que par une conduite parfaitement honorable? Et qu'est-ce encore que l'honneur, considéré au point de vue de sa puissance, s'il n'est pas suffisamment sûr de lui-même pour affronter ses adversaires sur le terrain de la justice? Pourquoi donc un État se refuserait-il, au nom de l'honneur, à garantir la rectitude de sa conduite? Pourquoi ne serait-il pas disposé à soumettre la question de savoir ce qui est honorable dans des circonstances données, à ceux qui sont à même de juger équitablement les fins qu'il a en vue et les motifs qu'il invoque; et pourquoi ne s'en rapporterait-il pas au verdict de ces arbitres?

La vérité est qu'en s'enfermant dans la citadelle de l'honneur, l'État ne cherche souvent qu'un subterfuge pour dissimuler le parti pris qu'il avait d'avance d'agir arbitrairement. Il préconise l'appel à la force matérielle, parce qu'il a conscience de sa faiblesse morale. Une telle attitude est indigne de

l'État. S'étant posé en défenseur de la justice contre
l'oppression, de la loi contre l'anarchie, et de la
raison contre la violence, il peut, sans crainte de
se voir reprocher sa lâcheté, s'astreindre aux
mêmes mesures préventives et accorder les mêmes
garanties qu'il exige de ceux qu'il a la prétention
de gouverner. Il recommande au citoyen de se
conformer aux lois équitables, de maintenir la
paix, de porter ses griefs devant les tribunaux,
d'attendre et de respecter leurs décisions. Si cette
conduite est bonne pour les citoyens, pourquoi une
conduite analogue ne serait-elle pas désirable chez
les États? Et, si les États imposent ces règles à
leurs membres, pourquoi n'accepteraient-ils pas
pour eux-mêmes des principes semblables et n'as-
sumeraient-ils pas volontairement des obligations
correspondantes?

Prétendu égoïsme fondamental de l'État.

On pourrait, sans doute, nous rappeler, pour
répondre à ces questions, qu'il faudrait qu'une
révolution se produisit dans la nature humaine
pour que l'État abandonnât ou laissât échapper les
avantages qu'il peut facilement obtenir des autres
États en usant de ses forces naturelles. Étant
donné, dit-on, la lutte pour la vie dans laquelle un
État déterminé est engagé avec des rivaux, et la loi

naturelle qui récompense l'adaptation par la survie, ce n'est que grâce à un prudent exercice de ses forces que cet État peut espérer même maintenir son indépendance. Il doit, par conséquent, exiger que tous ses citoyens se sacrifient sans cesse, individuellement, à la communauté, et il doit, en retour, user, pour le bien général, des forces mises ainsi à sa disposition.

Cette sorte de raisonnement renferme une part de vérité, mais il est nécessaire de l'analyser pour dégager cette vérité des conclusions erronées qu'on en tire souvent. La formation de l'État moderne n'a pas nécessité une révolution dans la nature humaine, mais elle a montré que l'on avait compris combien l'homme, pour servir son égoïsme naturel et indéracinable, ferait mieux de se conformer à certaines règles que de chercher sa satisfaction dans l'anarchie.

La transformation qui a abouti à la création de l'État moderne ou, pouvons-nous dire, de toute espèce d'État organisé, ne s'est pas accompli sans une longue suite de luttes et de compromis. Si nous nous reportons un instant par la pensée aux idées qui régnaient dans la société primitive, avant que l'État n'eût pris sa forme définitive et n'eût acquis une autorité reconnue, nous arrivons vite à comprendre avec quelle répugnance les hommes tout-puissants renoncèrent à leur auto-

9.

nomie personnelle et se soumirent à la suprématie
de l'État. Étant capables de défendre leur vie et
leurs biens sans l'aide de la communauté, ils
n'avaient aucune raison de se soumettre aux lois
qui leur étaient imposées par d'autres, lors même
que ces lois pouvaient être considérées comme
justes en elles-mêmes. D'autre part, ils trouvaient
sans doute une vive satisfaction dans la conscience
qu'ils avaient de leur force supérieure et dans la
liberté de l'employer à leur gré. Ils avaient, à la
vérité, une entière confiance dans leur capacité de
décider par eux-mêmes ce qu'ils devaient faire ou ne
pas faire, sans admettre de restriction à leur indépendance. Il est vraisemblable aussi qu'ils éprou-
vaient une certaine fierté à ne se sentir responsables
devant aucune puissance extérieure, et qu'à ce
sentiment se mêlait la légitime satisfaction de
s'être montrés nobles et généreux dans leurs desseins et dans leurs actes. Dans bien des cas, à coup
sûr, ils réfléchissaient aussi qu'exemptés de l'obéissance à des lois impératives, quelque utiles que
ces lois pussent être à la communauté dans son
ensemble, ils étaient en possession de moyens particuliers pour accroître leur richesse et leur puissance,
moyens que leur eût ôtés l'égalité devant la loi.

Les hommes de cette sorte étaient les ennemis
naturels de l'idée d'État telle qu'elle existait alors,
si rudimentaire qu'elle fût, sauf quand ils pouvaient

faire de l'État un instrument utile à la poursuite de leur propre intérêt. D'un bout à l'autre de l'histoire, nous constatons l'action de semblables mobiles. Ce conflit se manifestait quelquefois par une révolte ouverte contre l'État, d'autres fois par des efforts pour diriger et limiter son pouvoir, et généralement par une disposition à user de l'État comme d'une propriété privée, quand ces hommes en avaient effectivement le pouvoir.

L'État moderne représente une victoire plus ou moins complète sur cette opposition à l'autorité de la loi. Dans le temps où dominait la puissance dynastique, les monarques nationaux furent obligés de lutter pendant une longue période avec les grands seigneurs féodaux, qui prétendaient avec insolence avoir droit à une place presque égale à celle du roi. Et ce ne fut que grâce à la force matérielle fournie par le peuple pour soutenir les décisions les plus justes et les plus libérales des cours royales, que ces prétentions ambitieuses furent enfin repoussées et que le pouvoir des seigneurs dut se ranger sous le règne de la loi. En dernier lieu, il devint nécessaire de soumettre l'absolutisme lui-même au contrôle de la loi; et, à cette fin, on imagina la séparation des pouvoirs et l'établissement de garanties constitutionnelles, qui ont fait de l'État moderne le plus fidèle gardien de la prospérité publique.

Les maximes classiques de la diplomatie.

Quelque radicales que puissent être les transformations du pouvoir politique, rien n'est plus difficile que de modifier ses traditions. Sa forme peut changer au point de le rendre méconnaissable, mais sa substance demeure à travers le changement. Il n'y a pas eu, dans l'histoire de l'humanité, de révolution assez profonde pour rompre complètement cette continuité, et l'État moderne n'échappe pas à cette loi. Et pourtant, il est évident que le principe de l'État moderne, qui est essentiellement juridique, est incompatible avec une bonne part de ce legs du passé. Existant de par l'autorité de la loi, l'État n'a réussi que lentement, et jusqu'ici imparfaitement, à reconnaître comme obligatoires d'autres lois que les siennes propres. Certes, il a conscience de la présence d'autres nations et, ainsi que nous allons le voir, il en est venu graduellement à reconnaître l'existence d'une société internationale ; mais ce n'est que dans la période la plus récente, et encore non universellement, qu'il en est arrivé à se considérer comme créé essentiellement pour la justice et non pour la rapine.

On en peut donner comme preuve l'opinion qui est à la base de la diplomatie classique, et selon

laquelle chaque État tend à s'approprier tout ce
qui, dans le monde, possède de la valeur, et n'est
empêché de le faire que par la résistance qu'il
rencontre de la part des autres États.

Le grand pédagogue de la diplomatie, le comte
de Garden, exprime dans les termes suivants ce
principe fondamental :

« Tout État, dans ses relations extérieures, n'a
et ne peut avoir d'autres maximes que celles-ci :

« Quiconque, par la supériorité de ses forces et
par sa situation géographique, peut nous faire du
mal, est notre ennemi naturel ;

« Quiconque ne peut nous faire de mal, mais
peut, par la mesure de ses forces et la position
où il est, nuire à notre ennemi, est notre ami
naturel[1]. »

« Ces propositions, dit Ancillon, sont les pivots
sur lesquels se meuvent les relations internationales. »

« La crainte et la défiance, passions indestruc-
tibles, ainsi que les appelle de Garden, prolongent
l'état de guerre, latent ou ouvert, dans lequel
vivent, encore aujourd'hui, les Puissances de
l'Europe... C'est uniquement à la force d'une
nation que se mesure sa sécurité. »

1. DE GARDEN. *Tableau historique de la Diplomatie*, Paris;
et *Histoire générale des Traités de paix*, Paris, I. Introduction.

En s'en tenant à ce dogme, qui fait de la passion du pillage la seule caractéristique de l'État moderne, et qui, même, ne nous laisse que peu d'espoir d'extirper cette passion, beaucoup de diplomates et d'hommes politiques, avec la prétention d'être strictement orthodoxes, affectent encore de considérer le point de vue juridique comme pure idéologie. Ils regardent comme impossible d'établir des relations permanentes entre les États autres que celles de la crainte et de la défiance mutuelles, lesquelles ont, déclarent-ils, toujours existé et existeront toujours entre les nations. Ils soutiennent que l'histoire confirme leur doctrine; que les États, quelque forme qu'ils prennent, sont de simples moyens, temporels et locaux, de réprimer, dans leurs territoires, les instincts combatifs et rapaces de la nature humaine; et que ces instincts sont destinés à éclater sans cesse, avec une férocité et un besoin de destruction toujours renouvelés, à moins qu'ils ne soient tenus en laisse par la force. Les hommes d'État de cette école ne croient pas qu'il soit possible de se gouverner soi-même; ils regardent l'idée de justice comme un idéal purement abstrait et irréalisable, et la loi comme une autorité arbitraire, imposée à la masse par les grands chefs, en face desquels l'homme naturel est dans une attitude de sourde et perpétuelle révolte.

L'expérience, dit-on, fournit à cette doctrine des
preuves sans réplique. Les royaumes, les empires
et même les républiques, sont nés, ont prospéré,
ont dépéri et sont morts, sans avoir jamais formé
entre eux une société internationale, fondée sur
l'idée de droit et d'obligation réciproque. Les guerriers nomades, qui établirent leur domination en
Assyrie, en Médie, en Perse, furent obligés d'appuyer leurs empires sur un despotisme central et
de les maintenir uniquement par la force. Lorsque, après des guerres féroces, qui aboutirent au
triomphe du plus fort, le luxe et la débauche prirent
la place de leurs vertus militaires, et que d'autres
guerriers plus violents et plus hardis les assail-
lirent, alors leur pouvoir fut anéanti et passa aux
mains des conquérants.

Les nations commerçantes d'une date plus
récente, qui, pour un temps, firent la loi sur la
Méditerranée, fondèrent leur grandeur sur la
richesse ; mais elles disparurent à leur tour, recu-
lant devant de plus braves et laissant derrière elles
les traditions de la fraude phénicienne et de la foi
punique.

Les États quasi républicains de la Grèce, après
avoir été engagés dans une lutte toujours renais-
sante pour l'hégémonie, parvinrent à fonder la
Ligue Amphictyonique et la Ligue Achéenne; mais
la première de ces ligues était une simple confra-

ternité religieuse créée pour la protection de l'oracle
de Delphes, et la seconde n'était qu'une faible
alliance, trop fragile pour résister aux assauts
d'une force militaire supérieure.

Tous ces exemples, affirme-t-on, ne font qu'illustrer le caractère essentiellement instable de l'État,
le danger de destruction qui pèse sur lui continuellement, et sa condamnation certaine, dans le
cas où sa force militaire et sa politique d'expansion
viendraient à se relâcher.

L'élément nouveau de l'État moderne.

Mais, dans tous ces raisonnements, on néglige
de tenir compte de l'élément nouveau et décisif de
l'État moderne. Ainsi que nous l'avons vu, cet
élément nouveau est le développement général qu'a
pris la conscience juridique, nourrie et fortifiée par
l'expérience d'un régime constitutionnel et pro-
gressif, laquelle a démontré les avantages du règne
de la loi sur la domination arbitraire de la force.
Il n'est pas nécessaire de prouver que la nature
humaine ait changé ni doive changer, ou que les
hommes soient aujourd'hui, en quelque mesure,
moins personnels et mus par un altruisme plus
élevé que dans les temps passés. C'est, tout simplement, que l'humanité a découvert une voie
nouvelle et se montre disposée à la suivre. On

s'aperçoit que le bonheur sera obtenu plus aisément
et plus sûrement par l'industrie que par le pillage,
par le commerce que par la piraterie, par les relations internationales que par l'isolement. Il est,
par suite, indispensable de compter avec les forces
sociales nouvelles et avec les nouvelles règles de
conduite qui résultent de l'amélioration des moyens
de transport, des communications devenues comme
instantanées, et de la découverte de nouvelles ressources naturelles, ainsi que de nouvelles formes
de l'énergie permettant d'utiliser ces ressources.

Il est important de remarquer aussi que l'État
moderne, en offrant aux individus des facilités plus
égales et en assurant à l'effort productif sa protection, a modifié entièrement la nature de la
société. L'individu n'est, sans doute, pas moins
égoïste qu'auparavant, mais de nouvelles avenues
lui sont ouvertes, où son activité se déploiera
fructueusement. L'âge des condottieri et des troupes
mercenaires est passé. Le soldat-citoyen ne regarde
pas les rapines de la guerre comme le rêve de son
existence. La spoliation internationale a cessé d'être
un commerce. Et, pourtant, toutes les vieilles traditions subsistent : ravage par delà les frontières,
capture sur mer des innocents bateaux de commerce, indemnités écrasantes payées par le vaincu
au conquérant envahisseur ; toutes ces injustices
se perpétuent et servent à faire frémir les lecteurs

des publications sensationnelles, et à emporter le
vote des assemblées parlementaires, en faveur de
dépenses militaires extravagantes. La crainte et la
défiance mutuelles, l'ennemi naturel posté de l'autre
côté de la frontière, les traités secrets conclus ou
supposés conclus entre nos voisins : ces restes d'un
autre âge créent un mirage de terreur et de soupçon, semblable à ces images effrayantes que laisse,
sur un fond de brouillard, le soleil déjà couché !

Mais, dira-t-on, il n'est nullement vrai que le
feu d'hier soit éteint, et nos craintes sont bien fondées. Notre ennemi naturel est plus fort que nous
et, par conséquent, prendra sa revanche sur nous.
Partant de cette conviction, nous nous efforçons
de devenir plus forts que lui; et voici que, maintenant, cet ennemi naturel dit, en toute sincérité :
« L'attaque est imminente; il faut nous préparer à
la repousser. » C'est ainsi, grâce à ce raisonnement,
fait tantôt d'une part et tantôt de l'autre, que se
perpétue l'illusion de la haine et de l'hostilité.

Il est assez étonnant que les gouvernements, qui
devraient être les premiers à dissiper cette illusion, soient, au contraire, les derniers à convenir
que de grands changements se sont produits dans
les relations internationales. De l'autre côté de la
frontière est un autre peuple civilisé, doué d'une
conscience juridique aussi profonde, aussi éclairée,
aussi inquiète que la nôtre. Nous lui prêtons ou il

nous prête des sommes d'argent considérables, échangeant des millions de dollars de valeurs contre des garanties sur nos chemins de fer, nos municipalités, et même sur nos gouvernements. Ces dettes seront-elles jamais payées? Dans le temps où notre plus proche voisin, plus fort que nous, était réellement notre ennemi naturel, où il aurait pu effectivement envahir notre territoire et se l'annexer, avec nos personnes, nos valeurs et le reste, il est très douteux qu'elles l'eussent jamais été. Mais, aujourd'hui, personne ne met en doute qu'elles le seront, ni les banquiers, ni les créanciers. Comment donc les gouvernements pourraient-ils s'imaginer que ces mêmes gens, qui entendent payer leurs dettes, méditent une invasion et une conquête, avec tout ce que celles-ci impliquent? Pour cette seule raison qu'ils n'ont pas de sérieuse garantie du contraire.

Et c'est ainsi que l'État moderne, incarnation du droit et principal agent de la justice, qui, sur le grand marché du monde, peut, contre un simple engagement, recevoir des millions de la main de ces juges les plus clairvoyants des intentions humaines : les banquiers et les prêteurs, se laisse discréditer par un dogme diplomatique, où tout homme intègre verrait une calomnie contre l'honnêteté humaine.

Nécessité de garantir la justice.

Il est évident que le principe de la crainte et de
la défiance générales résulte de cette conviction,
que les États modernes ne sont pas faits, en
réalité, pour la justice, mais bien pour le pillage;
et il faut bien avouer qu'ils ne se sont pas donné
beaucoup de peine pour prouver le contraire.
Pour modifier cette conviction, une seule chose
serait nécessaire, à savoir que l'on eût l'assurance,
reposant sur des garanties solides, que l'État sera
toujours juste. Il n'importe que la capacité qu'il a
de nuire soit diminuée; car une grande Puissance,
lors même qu'elle serait contrainte à réduire sa
force actuelle, resterait encore très redoutable, si,
pour une raison ou pour une autre, elle décidait,
dans la suite, d'augmenter ses effectifs militaires;
et, demander qu'elle s'affaiblisse pour calmer nos
craintes, ce serait admettre que c'est la possession
de la force et non l'usage qu'on en fait qui est un
danger international. Les gouvernements n'ont
qu'une manière d'affirmer qu'ils auront toujours
de bonnes intentions, c'est d'accepter franchement
et loyalement le caractère juridique de l'État, et,
pour cela, de reconnaître qu'ils ont le même
intérêt à voir la justice respectée au dehors qu'à
l'intérieur du pays.

On pourrait trouver que l'État, s'il ne plaçait pas les droits et les intérêts de ses citoyens au-dessus de ceux des étrangers, perdrait sur eux tout empire, et que, si sa politique n'était pas plus ou moins chauvine, leur patriotisme serait révolté de son indifférence. Mais ce serait là une crainte peu fondée. La prospérité générale ne saurait nuire à la prospérité locale; elle y ajoute au contraire une valeur nouvelle, et enrichit chacun de la richesse de tous. Les droits de l'individu sont rendus plus sûrs par la sécurité croissante de tous les droits, en général. Un monde de justice et d'ordre universels serait plus sûr, plus utile et plus précieux pour tous ses habitants, qu'un monde où la force arbitraire et l'injustice continueraient à régner quelque part. L'intégrité de l'État, lorsque le bien-être de ses citoyens est en jeu, apparaîtrait comme beaucoup plus assurée, s'il se montrait également intègre dans ses relations extérieures; et chaque effort qu'il ferait pour rendre ces relations plus justes et plus honorables augmenterait le respect et le dévouement que lui accordent ceux dont le loyalisme lui est nécessaire.

Ce qui est vrai de l'État en tant qu'institution l'est également de la politique de l'État. Il est impossible qu'un gouvernement qui agit déloyalement et injustement au dehors, inspire de l'admi-

10.

ration à ses sujets et gagne leur confiance. Le
refus de se soumettre aux principes de l'équité
ébranle les fondements mêmes de l'État, car il est
superflu d'avertir les hommes que ceux qui sont
prêts à léser les autres pays dans l'intérêt du leur,
seraient prêts également à léser leurs compatriotes dans leur propre intérêt, s'ils en trouvaient
l'occasion.

Ce n'est donc pas seulement pour rester fidèle à
ses fins essentielles et à sa mission, mais encore
pour assurer sa propre sécurité, que l'État ne
doit, sous aucun prétexte, se soustraire à ces
grands principes juridiques sur lesquels il s'appuie quand il impose l'obéissance à ses citoyens.
Sa force réelle, aussi bien que sa dignité, suppose
qu'il conserve son caractère juridique ; et c'est en
ce sens et pour cette raison qu'il possède le droit
de commander. Nous lui promettons allégrement
notre loyale obéissance, non parce qu'il détient le
pouvoir, mais parce qu'il est l'incarnation de la
justice. Nous pouvons donc exiger qu'il soit juste,
lui aussi, et qu'il donne et obtienne les garanties
nécessaires pour que la justice puisse régner sur
la société des États.

CHAPITRE IV

L'ÉTAT COMME MEMBRE D'UNE SOCIÉTÉ

Influence unificatrice de l'Église. — La société des États
reconnue par Suarez. — La mise de l'étranger hors la loi
à l'époque primitive. — Reconnaissance progressive des
droits des étrangers. — Développement de la conscience
de soi-même dans la société des États. — La guerre de
Trente ans et le traité de Westphalie. — Signification du
traité de Westphalie. — Influence des nouvelles théories
de gouvernement sur la société des États. — Influence de
la doctrine de Locke sur l'idée de souveraineté. — Contribution de la théorie de Locke à l'établissement d'une
société des États. — Le mandat confié par l'homme à ses
gouvernants.

Nous avons vu que l'État moderne contient
des éléments qui le distinguent profondément
des institutions gouvernementales des périodes
antérieures, et qui le rendent apte à entrer dans
des relations toutes différentes de celles qui existaient autrefois. Il faut aussi apporter une attention spéciale à ce fait, que ce n'est qu'à une
époque relativement récente que les États se sont
considérés comme formant une société interna-

tionale au sein de laquelle ils jouissent de l'égalité juridique.

L'influence qu'ont eue ces changements sur le problème de l'organisation juridique du monde est si importante qu'il peut être utile de passer brièvement en revue les circonstances qui les ont amenés. Il peut être bon, également, de rappeler que, longtemps avant la création de l'État moderne, les nations qui l'ont formé appartenaient, pour la plupart, à une même communauté consciente d'elle-même, qui s'appelait la chrétienté.

Cette forme de culture que nous appelons la civilisation est issue de l'influence qu'a exercée l'Empire romain sur les portions de l'Europe, de l'Asie et de l'Afrique où Rome étendit sa domination. Après la chute de l'Empire, ce fut de Rome, en Occident, et de Byzance, en Orient, que l'Europe attendit le renouvellement de ces influences civilisatrices qui avaient si profondément transformé les nations barbares réduites par la conquête romaine, et qui ne cessèrent jamais entièrement d'inspirer du respect, même après que les rois barbares se furent partagé les territoires de l'Empire et y eurent établi des royaumes indépendants.

Influence unificatrice de l'Église.

Lorsque l'Empire romain s'écroula, par suite de sa propre corruption et de la diminution de sa vitalité interne, il fut remplacé par une domination des âmes, qui le dépassa même en étendue; et un empire spirituel continua d'exister longtemps après le démembrement politique de Rome. Quelque fort et durable que se soit montré le droit romain, l'influence de l'Église fut bien plus considérable, et, par son triomphe sur les instincts brutaux et barbares des envahisseurs, elle frappa du sceau de son unité tout l'Occident et tout le Nord de l'Europe. Tous les rois barbares furent appelés à devenir fils de la même mère-nourrice : l'Église de Rome; et ils s'inclinèrent pieusement devant ses autels.

L'influence que ce fait exerça sur l'avenir de l'humanité ne saurait être trop hautement signalée. Malgré l'hostilité des races et l'ardente ambition des chefs, chaque individu, dans l'énorme étendue de la chrétienté occidentale, se sentit membre d'une communauté universelle. Les plus forts sentiments de la nature humaine étaient touchés et remués par un même symbole : le signe de la croix. Tout ce qu'il y avait de sacré dans la vie y était lié : la naissance, la vie et la mort lui payaient leur tribut. Dominés par son pouvoir et par son mystère, les hommes, à toutes les étapes de leur existence, sentaient le poids de son autorité et acceptaient la fraternité qu'elle établissait entre eux.

Il faudrait n'avoir étudié le Moyen Age que très superficiellement, pour ne pas apprécier à sa valeur la force de ce lien commun. Au cours de cette longue période de lamentable ignorance et d'ardente passion, où tout ce qu'il y avait de plus noble et de plus bas dans la nature humaine était forcément en conflit perpétuel, par suite du soudain mélange de mobiles opposés et par suite d'une organisation sociale imparfaite, jamais le sens de la communauté ne se perdit. Élevés pour se battre et sans cesse harcelés par l'invasion de nouvelles hordes barbares, que le sentiment de la pitié n'avait pas encore adoucies, les princes et les peuples s'efforçaient héroïquement de vivre conformément à la loi du Christ. Les quelques pages de nos histoires qui se rapportent à ce temps sont principalement remplies du récit de guerres privées et de guerres féodales, mais elles ne mentionnent que rarement les belles actions, les nobles sacrifices, les sublimes renoncements, non plus que les périodes de paix et de tranquillité qui signalent ces huit siècles de la vie de l'humanité. Nous parlons légèrement des choses médiévales, que nous

ignorons pour la plupart, et nous oublions les
sublimes aspirations personnelles vers le bien et
l'humble sentiment de fraternité universelle, qui
font que ces longs siècles paraissent si courts dans
l'ensemble de l'histoire, et qui, pourtant, les ont
rendus si féconds pour la transformation de l'humanité. C'est seulement quand nous considérons
les monuments visibles de l'esprit d'amour et de
sacrifice qui remplissait les cœurs, quand nous
visitons les églises et les cathédrales que ces
siècles nous ont laissées comme un témoignage
de leur habileté, de leur sens esthétique et de leur
travail consciencieux et persévérant, que nous
nous faisons une faible idée du sentiment qu'é-
prouvaient les hommes du Moyen Age à l'égard
du royaume invisible qui n'est pas de ce monde, et
qui, selon leur foi, unissait tous les hommes dans
une grande et permanente confraternité d'âmes.

Les écrivains du Moyen Age semblent n'avoir eu
qu'une conscience vague des rapports légaux des
princes souverains entre eux, en dehors du système féodal, qui reposait sur l'idée d'une communauté hiérarchique. On connaissait des royaumes
séparés et des principautés, mais le sens de l'unité
était si enraciné et si absolu, que l'idée de relations distinctes et réciproques entre ces royaumes
était difficile à concevoir. Les chrétiens étaient
moins liés entre eux, moralement et légalement,

qu'ils ne l'étaient avec les autorités supérieures, auxquelles tous étaient subordonnés en commun. Aux époques de foi, les querelles des rois et des princes étaient soumises à la Cour de Rome, et les déterminations et décisions du Saint-Père étaient sollicitées avec vénération. Dans la majorité des cas, cette décision, prononcée par le Pape et communiquée par ses légats, était respectée et obéie. Il est vrai que le long et tragique conflit qui s'éleva entre l'Empire et la Papauté fut une lutte constamment renouvelée ; mais, à travers cette lutte, la communauté spirituelle demeura intacte dans son essence. Ce n'est qu'après les controverses qui eurent lieu entre Boniface VIII et les souverains temporels, et après le transfert du trône papal à Avignon en 1305, que le sens de l'unité se perdit. Alors commença un mouvement de séparation, dont le point culminant fut le grand schisme de 1378, et qui fut la fin de l'unité du christianisme dans l'Europe occidentale. Dans la suite, les décisions de Rome furent généralement dédaignées, et, finalement, tout à fait repoussées.

Ce ne fut pourtant que lorsque la Réforme eut divisé la chrétienté en deux camps toujours en hostilité l'un avec l'autre, que l'attention se porta sur l'existence d'une communauté naturelle des nations, qui permet de les considérer comme formant une société, au sein de laquelle elles sont reliées directement entre elles par des obligations morales et légales. C'est alors que, le lien d'une foi religieuse commune ayant été brisé, l'on chercha à trouver une nouvelle base sur laquelle l'ancienne unité pût être rétablie. Dans le même temps, des États, au sens moderne du mot, avaient été fondés, et on ne pouvait tarder à s'en apercevoir.

La société des États reconnue par Suarez.

Le premier écrivain qui ait signalé explicitement l'existence d'une société des États gouvernée par des lois juridiques est le théologien portugais Francisco Suarez (1548-1617), que l'on a appelé le dernier des scolastiques. Dans un passage d'une singulière clarté et d'une grande profondeur de vues, Suarez écrit : « La race humaine, bien que divisée en peuples et en royaumes divers, possède, non seulement son unité spécifique, mais encore un certaine unité morale et quasi politique, que l'on découvre dans les préceptes naturels d'amour et de sympathie réciproques qui s'étendent à tous, même aux étrangers. Donc, bien que tout État achevé, république ou royaume, soit, en lui-même, une communauté parfaite, composée de ses propres membres, il n'en est pas moins vrai que chacun de ces États, considéré dans ses rapports

11

avec la race humaine, fait, en quelque sorte,
partie d'une unité universelle. Car jamais les communautés ne se suffiront assez dans leur isolement, pour pouvoir se passer d'aide mutuelle,
de société et de communion avec d'autres, en
ce qui concerne l'amélioration de leur condition
et leur progrès matériel, quelquefois même la
satisfaction de leurs besoins moraux. Tel est l'enseignement de l'expérience. Pour cette raison, il
leur est indispensable d'avoir une loi qui les dirige
et les mette à leur place dans cette espèce de
communion ou de société. Et, bien que la raison
naturelle leur tienne lieu de loi, en grande partie,
il y a des cas où elle n'est ni suffisante, ni assez
immédiate ; c'est pourquoi il a été possible que
certaines lois particulières fussent créées, dont
la pratique formait le point de départ. Car, de
même que l'usage a créé des lois dans l'État et
dans la province, de même il est possible que
des lois soient introduites chez la race humaine
par la conduite habituelle des nations ; d'autant
mieux que ces lois seront plus restreintes, qu'elles
s'écarteront moins du droit de nature, et que,
pouvant aisément en être déduites, elles répon-
dront aux besoins et aux penchants de la nature.
Ainsi, bien que l'on ne puisse pas tenir ces
lois pour absolument indispensables à une conduite louable, elles s adaptent du moins très bien

à la nature, et chacun peut les accepter immédiatement » [1].

Donc, dès 1612, date à laquelle parut l'ouvrage de Suarez, on remarquait ce fait que les nations n'existent pas à l'état isolé, mais qu'elles ont une certaine interdépendance et une réciprocité d'obligations à la fois morales et légales ; car l'usage avait spontanément créé des lois dont l'utilité était reconnue. Et, même avant cette époque, le juge avocat espagnol, Balthazar Ayala (1548-1584), traitant des justes motifs de guerre, s'était reporté en 1581 aux « Coutumes anciennes et excellentes qui s'étaient introduites parmi les chrétiens », et avait ainsi reconnu indirectement l'existence d'une société des États gouvernée par le droit ; et Albericus Gentilis (1551-1608), professeur de Droit civil à Oxford, écrivant sur le même sujet en 1585, voit dans le consentement des nations un fondement pour le droit.

L'État moderne, incarnation du droit, n'était pas encore complètement formé ; mais la conscience juridique des nations commençait déjà à s'éveiller ; et c'est le fait d'une pénétrante observation de la part de Suarez, de s'être aperçu qu'une société des États existait déjà. L'insuffisance de ses connaissances, toutefois, ne lui permit pas de fixer avec

1. SUAREZ. *Tractatus de legibus et Deo Legislatore*, Coïmbre, 1612.

précision les limites de cette société. En la donnant comme universelle, il dépassait les faits tels
qu'ils existaient, mais il rendait le grand service
de montrer, dans l'essentielle unité de l'humanité,
un fondement pour le développement croissant
d'une société entre les nations.

Sous ce rapport, Suarez était très en avance sur
son temps, et, après trois siècles, on l'a à peine
dépassé. Catholique de religion, il ne vit dans la
question de race aucun empêchement à ce que tous
les hommes fussent membres de la société humaine
universelle. Pour lui, lorsque de nouveaux États
s'organisaient, il n'y avait aucune difficulté à les
traiter équitablement et à les admettre à participer
également à la loi commune des nations. Un sens
de la communauté qui, peu à peu, avait franchi
les bornes de la chrétienté pour pénétrer dans le
monde barbare, et qui avait rassemblé dans le
giron de l'Église universelle les tribus éparses de
ce dernier, ne pouvait tolérer que la société des
nations eût des limites, tant que quelque chose
d'humain pouvait encore rentrer dans cette union
fraternelle.

La mise hors la loi de l'étranger à l'époque primitive.

Dans la première période de la puissance romaine, alors que la loi impériale semblait suscep-

tible de s'étendre sur une partie de trois continents, et à mesure que les limites de l'Empire,
en s'élargissant, le faisaient de plus en plus considérer comme capable de devenir universel, une
loi juridique distincte de la loi morale ne paraissait pas pouvoir s'appliquer à tous les habitants
de ses territoires.

« C'est une idée moderne sous tous les rapports,
dit la plus récente autorité en matière de droit des
étrangers, que celle qui veut que la loi puisse
devenir un bénéfice international ; et la situation
qui existe aujourd'hui est aussi éloignée que le ciel
de la terre de celle qui existait dans l'antiquité. A
cette époque, l'État et tout ce qu'il ordonnait, y
compris la loi et la religion, n'existaient que pour
ses citoyens. Celui qui n'était pas citoyen ne pos-
sédait aucun droit juridique. L'individu appartenait
à son État, et ne pouvait l'abandonner sans perdre
son *status* personnel, et sans devenir un homme
sans patrie, dépourvu de tout droit légal. De là
provenait l'horreur de l'exil qu'on avait dans l'antiquité » [1].

Dans les temps primitifs, l'étranger n'était pas
seulement considéré partout comme dépourvu de
tout droit légal ; mais, même, comme n'ayant
nul droit à voir sa vie protégée. Sans doute, on

1. FRISCH. *Das Fremdenrecht*, p. 3.

11.

avait un certain respect pour la personne d'un
étranger innocent et on ne lui refusait pas nécessairement l'hospitalité, bien que la première tendance ait été de considérer tout étranger comme
étant aussi un ennemi. On trouve des vestiges de
cette coutume dans la parenté des mots latins
hospes, hôte, et *hostis*, ennemi[1]. Mais, légalement,
la coutume, comme les lois écrites, voulaient que
l'étranger fût placé à part et strictement séparé
des membres de la communauté.

Nous sommes à même de déterminer avec une
grande précision les changements qui se sont produits sous ce rapport, et il importe de les noter,
car ils expliquent comment, tandis que toutes les
nations civilisées modernes reconnaissent explicitement les droits des étrangers, il subsiste pourtant, dans l'esprit de la masse populaire, une distinction très nette entre citoyen et étranger, et
comment nous avons même assez souvent ce pré-
jugé, que les droits de l'étranger sont moins dignes
de notre considération, par exemple dans les relations économiques, que ne le sont ceux de nos
compatriotes. Ceci s'observe principalement dans
les petits pays, où la présence des étrangers est
moins fréquente.

---

1. V. cependant Phillipson. *The International Law and
Custom of Ancient Greece and Rome*, Londres, 1911, pp. 215
et 216.

Dans les temps anciens, l'étranger, n'ayant aucun
droit légal, pouvait légitimement être réduit en
esclavage, et on le retenait souvent dans ce dessein. Il est intéressant de noter que, dans les traités
entre les petits États de la Grèce, au vᵉ siècle avant
notre ère, le droit d'asile tenait une grande place,
ce qui prouve bien la nécessité où l'on était alors,
d'assurer par des conventions spéciales la protection des personnes voyageant ou séjournant en
pays étranger.

Plus tard, nous trouvons en Grèce une classe
d'hommes appelés πρόξενοι, chargés de la protection des étrangers et remplissant des fonctions
analogues à celles de nos consuls actuels, spécialement en Orient où le droit d'extraterritorialité
est encore reconnu. Nous pouvons probablement
voir dans cet arrangement une survivance de l'ancienne idée, selon laquelle un individu vivant en
pays étranger ne jouirait d'aucun droit d'après les
lois de ce pays. Cette idée s'appuyait sur un principe plus ancien encore, suivant lequel la loi était
personnelle et non territoriale, et qui, après avoir
été prépondérant chez les tribus nomades, avait
persisté longtemps après les dernières migrations.
Et ce fait nous met en mesure de comprendre
pourquoi un peuple qui a conservé une conception
du droit voisine de celle qui régnait dans les conditions primitives croit, sans faire violence à ses

idées de justice, pouvoir admettre la présence de
ce qui est, en réalité, une juridiction étrangère,
laquelle, pour nous qui ne comprenons que l'uniformité de la loi dans un territoire donné, serait
intolérable.

Reconnaissance progressive des droits des étrangers.

A Rome, pendant longtemps, l'étranger ne pos-
séda pas d'autres droits légaux que ceux qui étaient
attribués aux captifs par les lois de la guerre, mais
qui ne les préservaient pas de l'esclavage. Peu à peu,
pourtant, se forma dans la conscience juridique
des Romains l'institution de l'*hospitium*, d'après
laquelle un Romain, agissant en qualité d'ami,
pouvait prendre sous sa protection un étranger en
tant que son hôte, et pouvait le couvrir provisoirement du manteau de ses propres droits de
citoyen. Mais, même dans ce cas, l'étranger n'avait
aucun droit par lui-même et pouvait, non seulement être abandonné par son hôte, mais encore
être légitimement traité par lui en ennemi.

Finalement, l'*hospitium* prit à Rome un caractère
officiel, et l'étranger obtint le droit légal d'y rési-
der en continuant à vivre sous la loi particulière
à laquelle il était soumis, surtout lorsque sa patrie
lui avait assuré ce droit par un traité. Il fut alors
jugé par le *prætor peregrinus*, d'après le *Jus Gen-*

tium. Ce ne fut qu'après l'année 212 de notre ère, lorsque Caracalla eut accordé le droit de cité à tous les habitants de l'Empire, que l'étranger put obtenir pour lui-même tous les droits d'un citoyen romain [1].

Chez les tribus germaniques, la première conception de la loi fut le *Verbandsrecht*, à savoir un droit dérivant d'un lien spécial, ou d'un contrat, entre des personnes. Pour toute famille, pour toute province, il y avait une loi aux yeux de laquelle était étranger tout ce qui se trouvait en dehors d'elle. Lorsque, dans la suite, les circonstances nécessitèrent un élargissement de l'idée de droit, la loi fut conçue sous la forme d'un ensemble de lois, correspondant aux différentes sortes d'unions et de relations, mais applicables seulement aux membres d'un même groupe. L'influence romano-chrétienne se faisant de plus en plus sentir chez les Germains, ceux-ci finirent par reconnaître qu'ils faisaient partie de la grande communauté chrétienne, mais cela à un point de vue moral et spirituel plutôt qu'à un point de vue légal. Bien que Charlemagne eût adopté le principe de la loi personnelle comme régime fon-

1. La question de savoir si la franchise romaine, accordée par Caracalla, modifia la loi personnelle est un sujet de controverse. Voir PHILLIPSON, ouvrage cité, pp. 281, 282. WALKER, *History of the Law of Nations*, Cambridge, 1899, 1, pp. 119 et 120.

damental de son empire, il ordonna, par une loi
générale, que personne ne pourrait refuser à un
étranger un toit, du feu et de l'eau. D'autres lois
germaniques, plus locales, voulaient que l'étranger
fût autorisé à faire paître son cheval, à allumer
du feu, à cueillir une certaine quantité de fruits,
à prendre une certaine quantité de poisson, et à
couper assez de bois pour pouvoir réparer sa voi-
ture. Dans la pratique, dit Tacite, et il entendait
par là, non la règle, mais l'usage, les Germains
étaient plus hospitaliers que tous les autres peuples,
et il en est encore ainsi aujourd'hui. Mais les droits
des étrangers ne sont arrivés que très lentement à
être reconnus par toutes les nations d'origine ger-
manique. Nous n'entendons pas parler ici uniquement du peuple allemand, mais de la race germa-
nique dans son ensemble ; car, jusqu'à une époque
relativement récente, l'idée de droit reposait sur la
coutume : coutume familiale, coutume locale,
coutume de la classe ou du groupe particulier
auquel le droit devait s'appliquer. D'une manière
générale, l'esprit germain se méfie des idées abstraites, des raisonnements abstraits, des généralis-
sations abstraites ; il vit dans le concret, dans les
réalités, dans leurs conditions et conséquences
immédiates. Ce n'est pas que le type d'esprit ger-
manique soit moins juste : dans la pratique il est
peut-être le plus généreux. C'est plutôt que le

germain ne se sent pas disposé, par son tempérament, à garrotter et restreindre sa pleine liberté
d'action en acceptant une contrainte quelconque.
Si nous ajoutons à ces traits la conscience caractéristique qu'ont les Germains de leur force invincible, et sur laquelle se fonde leur confiance en eux-
mêmes, ainsi que la difficulté qu'ils éprouvent à
considérer une autre race comme tout à fait égale
à la leur, nous comprendrons pourquoi, en tant
que race, ils ont toujours tenu à se donner à eux-
mêmes leurs propres lois, pourquoi ils en ont été
fiers lorsqu'elles ont été formulées, et pourquoi
ils se sont moins intéressés à la société humaine
comme ensemble des hommes civilisés, qu'au fait
d'acquérir, dans cette société, une situation prépondérante, voire même prédominante.

Développement de la conscience de soi-même dans la société des États.

Il nous a semblé utile de nous arrêter un instant
sur l'attitude de la communauté locale à l'égard
de l'individu étranger, en ce qui concerne sa situation juridique. Cet examen nous permet de comprendre plus clairement pourquoi les États souverains indépendants de l'Europe ont mis tant de
temps à se reconnaître mutuellement les mêmes

droits juridiques réciproques, et à développer en eux la conscience d'une société des États, dont ils sont les membres responsables.

C'est, naturellement, dans les pays maritimes, où s'est développé le commerce international, que l'étranger a trouvé tout d'abord le plus de considération. Et cette bienveillance tenait en partie à ce fait, que sa présence était un avantage pour le pays. Il était en général protégé dans sa personne, et souvent autorisé à poursuivre ses agresseurs devant les tribunaux ordinaires. Quelquefois il était remis aux soins d'un hôte indigène, et on lui donnait des juges capables de comprendre sa langue. Ainsi que l'a dit le professeur Walker dans son *Histoire du Droit des Gens* : « S'il était un homme de l'Empereur ou un marchand hanséatique, le roi le recevait volontiers, bien que les commerçants du pays fissent entendre des grognements haineux, et que les apprentis indigènes s'amusassent, les jours de congé, à piller son magasin bien approvisionné. Il lui arrivait encore, en même temps qu'il était protégé par le magistrat local contre les attaques des autres, d'être taxé et pillé par ce même magistrat de toutes les manières imaginables et sous tous les prétextes possibles. Venait-il réclamer l'héritage d'un ancêtre, il était mis à l'amende par le roi, en vertu du « droit de détraction »; était-il Juif ou Lombard, il devenait le bailleur de fonds du roi et payait le privilège de prêter à usure au peuple en acceptant le privilège de subvenir aux folles dépenses du souverain. Il vivait à part, dans son ghetto ou dans sa rue des Lombards, et ses sacs d'argent venaient couvrir la banqueroute du Trésor, sous l'éloquente sollicitation du fouet du bourreau ou des charmes de la torture. Il pouvait, à tout moment, être expulsé par le tyran, mais quand, furieux d'avoir subi quelque outrage inaccoutumé, il essayait de quitter le pays, il pouvait être obligé d'acheter la permission de se retirer avec ses biens, par le paiement d'une « gabelle » ou droit d'émigration. Si, enfin, il mourait sur le sol étranger, alors, très souvent, les vautours de la couronne fondaient une fois de plus sur ses biens, et dépouillaient l'héritier étranger au nom du « droit d'aubaine »[1].

De tous les impôts prélevés sur l'étranger, le « droit d'aubaine » fut l'un des plus injustes et des plus tenaces; et, dans certains pays, il n'a été aboli qu'à la fin du xviii° siècle. Il consistait dans le prétendu droit qu'avait un monarque de confisquer tous les biens d'un étranger mort sur son territoire. En Angleterre, certains lords avaient ce droit sur toute l'étendue de leurs domaines. Il était ordinairement interdit aux étrangers de posséder des terres;

WALKER, *History of the Law of Nations*, Cambridge, I, pp. 119, 120.

mais cette interdiction n'empêchait pas, pour leurs héritiers, la perte complète de leurs biens mobiliers.

Si la sécurité des individus étrangers n'était pas assurée par les lois d'un pays donné, que pouvait-on attendre de ce pays quant au respect des droits naturels d'une autre nation? Rien, évidemment, que ce que l'on pouvait obtenir par la force des armes. La société internationale était conçue comme n'existant encore qu'à l'état de nature. Thomas Hobbes écrivait encore en 1651, époque où parut son livre intitulé *Leviathan :* « Dans tous les pays où les hommes ont vécu par petites familles, c'était devenu une industrie de se voler et de se piller mutuellement; et, bien que cette conduite fût contraire à la loi de nature, plus leur butin était considérable, plus ils en retiraient d'honneur. » Et, pour bien montrer qu'il ne se borne pas à décrire les coutumes de quelque époque primitive, Hobbes ajoute : « Comme faisaient jadis les petites familles, ainsi font aujourd'hui les cités et les royaumes, qui ne sont autre chose que des familles plus grandes; ils agrandissent leur domaine en vue de leur propre sécurité, en prétextant à tout propos quelque danger ou crainte d'invasion..., en essayant, autant qu'ils le peuvent, de l'emporter par la force et par la ruse, précisément parce que toutes les autres garanties leur font défaut; et la postérité rappelle leur conduite comme honorable[1]. »

Quand nous considérons que ces choses sont écrites par un grand philosophe anglais, un quart de siècle après le moment où Grotius avait composé son grand ouvrage sur les *Droits de la Guerre et de la Paix*, nous pouvons nous représenter quelle petite place tenaient ces relations entre États souverains dans la conscience juridique des nations.

Pourtant, l'existence d'une telle société des États commençait à être admise comme un fait, et servait fréquemment de thème aux méditations des hommes. On concevait, il est vrai, cette société comme existant à l'état de nature, avec la guerre et le pillage comme traits caractéristiques. Mais c'était quelque chose, déjà, que d'avoir signalé le fait, et il suffisait ensuite de l'examiner pour hâter le développement de la conscience juridique des nations.

Ainsi que l'a fait voir le professeur Sidgwick dans son livre sur le *Développement de la politique européenne*, « On reconnaissait, au Moyen Age, que tout le monde avait des droits, et c'était là un premier pas vers la création d'un ordre légal. Mais il résultait de l'état de choses alors régnant

1. HOBBES. *Leviathan*, chap. XIII et XVII.

que, lorsqu'une dispute s'élevait entre des voisins, aucun d'eux ne pouvait être sûr d'obtenir ce qui lui était dû, parce qu'il n'y avait personne pour trancher le différend, et que les deux parties devaient le régler entre elles sur le terrain »[1]. Il est possible, au contraire, dans l'État moderne, de savoir ce que la loi ordonne et de le réaliser, sans avoir besoin de se battre effectivement pour la justice. Au milieu du XVIIe siècle, on commença à voir que les États souverains avaient des droits, eux aussi, et qu'il fallait faire des lois, s'il n'en existait pas déjà, pour reconnaître et protéger ces droits. Mais, en l'absence d'une claire formule de ces lois et du pouvoir de les rendre obligatoires, la société des États n'en continua pas moins à être troublée par des désordres et des violences presque continuels, dévastée par le pillage et ravagée par la guerre. Ce fut un réveil pénible pour l'Europe que d'avoir conscience de cet état de choses; mais ce fut l'aurore d'un monde nouveau.

La guerre de Trente ans et le Traité de Westphalie.

Les progrès de l'humanité sont dus souvent au sens profond qu'elle a de ses propres imperfections. Il arrive fréquemment, par suite, que le spec-

1. SIDGWICK, *The Development of European Polity*, Londres, 1903, p. 324.

tacle d'une période de décadence produise une révolution dans les idées et détermine une tentative calme et raisonnée pour restaurer l'ordre social.

La guerre de Trente ans, qui commença avec la révolution de Bohême, en 1618, et se termina par le Traité de Westphalie, marqua le point extrême de dégradation auquel l'Europe fût descendue depuis le temps de la barbarie primitive. Dans ce conflit désespéré, les passions les plus basses s'allièrent aux desseins les plus nobles et aux plus héroïques sacrifices, pour essayer de résoudre par la force brutale des questions dont la signification était essentiellement morale et religieuse. Une armée mercénaire, prête à servir sous tous les drapeaux pour de l'argent et faisant de la guerre un métier, saccagea des villes populeuses, assassina les habitants, dévasta une grande partie de l'Europe centrale, et laissa derrière elle des scènes de ruine, de souffrance et de désolation dont il fallut des siècles pour faire disparaître les traces. Un nombre considérable de gens étaient sans foyer, les trois quarts des maisons de l'Allemagne ayant été détruites; et pourtant la moitié des maisons étaient sans habitants, tant il y avait eu de morts. Une génération entière n'avait connu que des récits de massacres; et la guerre, sous sa forme la plus brutale et la plus répugnante, avait fini par apparaître, à ceux qui durant toute leur vie n'avaient pas vu autre chose, comme la condition normale et permanente de l'humanité.

C'est au milieu de ces terribles événements que Grotius et Hobbes construisirent leurs théories sur la nature de la société. Tous deux se trouvaient en présence des mêmes faits, mais ils les jugeaient différemment. Pour Hobbes, le spectacle de nations vivant sur un pied de guerre perpétuelle et toujours sur le point de se battre, était la réalité permanente à laquelle l'homme d'État et le philosophe avaient affaire. Réaliste jusqu'aux moelles, Hobbes déclarait, avec sa franchise impitoyable, que la vie de l'homme, étant la proie perpétuelle de la rapacité des hommes, demeurera nécessairement toujours une vie « solitaire, pauvre, dégoûtante, stupide et de courte durée » : telle est, dit-il, sa condition naturelle. Or, ce qu'il lui faut pour être heureux, c'est la paix. Il n'a qu'une seule manière de l'obtenir, c'est d'obéir, et de donner son appui au gouvernement, assez fort pour la lui assurer en récompense de sa soumission volontaire à l'autorité suprême. L'humanité n'a donc d'espoir qu'en un gouvernement absolu, permettant aux hommes de s'associer à sa puissance et de recueillir la part de ses profits qui pourra leur être accordée; et, à tout le moins, les préservant du danger d'être pillés ou volés par leurs ennemis.

Pour Grotius, le spectacle de cette même lutte

brutale prenait un sens tout opposé. Il voyait là,
non la condition normale de la société humaine,
mais une condition anormale et tout à fait contraire
à la nature de l'homme. Il trouvait que les
hommes sont doués de facultés que ne possèdent
pas les simples brutes; que ces facultés ne sont
pas des accidents, mais les traits caractéristiques
de l'homme en tant qu'espèce; et que leur exercice normal sauverait la société de ces terribles
orgies de sang et de ces ruines qui résultent de
l'explosion sans règle et sans frein des plus bas
instincts de l'homme. Il y a, à son avis, quelque
chose de commun entre les combattants des deux
camps, dans le sauvage conflit des opinions religieuses : une même foi dans une puissance supérieure, en même temps qu'une faculté commune
de raison, que la nature a donnée à tous les
hommes afin de mettre entre eux un principe
d'union. Il ne jugeait donc pas possible que la
guerre durât toujours, ni que, dans son cours même,
si elle pouvait réellement avoir une cause juste,
elle ne fût pas conduite conformément aux principes inhérents à ce qu'il y a de meilleur dans
l'homme.

Le traité de Westphalie, dont les négociations
préliminaires ont duré onze ans et ont été plusieurs
fois interrompues par la reprise des hostilités, a
prouvé finalement que Grotius avait raison. Lors-

que les ressources des deux partis furent épuisées
et que le Congrès de Westphalie eût discuté pendant cinq ans les termes de l'arrangement, des
traités de paix furent signés simultanément à
Münster et à Osnabrück, le 24 octobre 1648.

Signification du Traité de Westphalie.

Le traité de Westphalie ne fut pas la reconnaissance de quelque droit propre à la personne humaine et ne peut être célébré comme
le triomphe de la liberté religieuse individuelle.
Ce fut, et dans la forme et dans le fond, un contrat
entre des Puissances souveraines, par lequel chacune d'elles reconnaissait aux autres le droit de
régler, sur leurs territoires respectifs, les questions religieuses. A ce point de vue, ce fut le dernier acte du drame qui devait amener la destruction de la forme d'unité qui jadis avait prévalu dans
l'Europe occidentale. Mais ses effets ne furent pas
purement négatifs. Ils furent positifs sur plusieurs
points importants. D'abord, ce traité mit fin pour
toujours aux aspirations politiques et religieuses
dirigées vers un Empire universel. Il reconnut
nettement l'existence d'une société des États
fondée sur le principe de la souveraineté territoriale; et il établit cette doctrine, que chaque pays
a sa loi et que chaque État est indépendant et pos-

sesseur d'un droit juridique que les autres États
sont tenus de respecter. C'était déclarer nettement,
non seulement qu'il existe une société des États,
mais qu'elle est fondée sur le droit, gouvernée par
le droit, et que ses membres peuvent faire appel au
droit. Ce qui, peut-être, était le plus important,
c'est que toutes les formes de gouvernements
étaient reconnues, sans distinction. L'oligarchie
vénitienne, la République hollandaise, la Confédération helvétique, et les villes hanséatiques étaient
par ce traité investies des mêmes droits légaux
que les plus fières et les plus anciennes monarchies, y compris le Saint Empire Romain. Pratiquement tous les États chrétiens de l'Europe, sans
excepter le duché de Moscou, étaient englobés
dans ces décisions. Seul, l'Empire ottoman en
était exclu. Elles créaient une *Magna Charta* pour
la société des États européens, et donnaient à celle-
ci, pour la première fois, une véritable existence
juridique. Bien que le nonce du Pape, Chigi, eût
joué le rôle de médiateur à Osnabrück, Innocent X
protesta contre les traités en les accusant d'être
« d'un bout à l'autre, nuls, vains, mauvais et... sans
force et sans effet ». Mais les catholiques, aussi
bien que les protestants, les acceptèrent comme
loi fondamentale de l'Europe, et Mathieu Molé,
s'adressant au roi de France, parla de la paix de
Westphalie en termes respectueux, et la traita

comme « l'ouvrage du ciel et non des hommes ».

C'eût été, sans doute, trop demander que de vouloir qu'une société qui avait été engagée dans des hostilités, non seulement pendant trente ans, mais pendant des centaines d'années, dont les membres vivaient de la guerre et quelques-uns, même, de la guerre civile, changeât immédiatement de caractère, et travaillât sans relâche à la pacification générale et au développement régulier des relations juridiques entre nations. Le traité de Westphalie n'en peut pas moins être regardé légitimement comme le commencement d'une ère nouvelle dans l'histoire de l'humanité. Mais on ne saurait nier que ce traité ait ajouté un élément nouveau aux forces qui travaillaient à développer l'absolutisme dans l'État. Il a contribué à rendre l'État plus conscient de ses propres forces, et le gouvernement plus agissant, plus centralisé et plus puissant qu'il ne l'avait été jusque-là. Ce n'est qu'en étudiant minutieusement l'âge d'absolutisme qui s'étend du traité de Westphalie à la période révolutionnaire, que nous pouvons comprendre toute la signification de ce traité. L'effort de réconciliation entre les aspirations spirituelles et les intérêts matériels, qui avait caractérisé l'ancien ordre de choses, prit fin avec les guerres de religion; et l'idée d'avantages matériels nouveaux à conquérir, ainsi que la conscience de la faculté de les conquérir, s'éveillaient dans les esprits. Ce fut l'époque du « Grand Monarque », de la poursuite de nouveaux royaumes; un âge d'intrigues diplomatiques et d'aventures politiques, à travers lesquelles les anciens commandements et les anciennes interdictions de la religion ne jouaient plus qu'un bien faible rôle. Le souverain personnel devint le centre de tous les intérêts; sa cour, le foyer du vice et de l'intrigue servant le vice; et le peuple, la proie de théories inventées pour glorifier le trône et pour imposer aux sujets le dangereux devoir de lui assurer le pouvoir absolu.

Influence des nouvelles théories de gouvernement sur la société des États.

Sous ce rapport, Hobbes eut aussi son triomphe. Ce fut sa philosophie qui prit la tête quand il s'agit de définir les fins immédiates de l'État. Sa théorie de la nécessité d'un gouvernement absolu admettait, il est vrai, très nettement, une exception, qui joua plus tard un rôle important en justifiant la révolution. Il disait que l'obéissance d'un homme à son gouvernement, bien qu'elle soit présupposée et ne fasse pas question, peut et doit prendre fin lorsque le gouvernement cesse d'être capable de défendre ses intérêts. Mais cette exception même montre le matérialisme grossier sur lequel repose tout le

système. Pour Hobbes, le gouvernement est fondé
sur un contrat conclu entre un sujet et un souverain, contrat par lequel le sujet s'engage à soutenir le souverain et à lui obéir, aussi longtemps
que le souverain lui garantira la protection des
intérêts en vue desquels le contrat a été conclu.

La conséquence de cette doctrine, en ce qui
concerne la société des États, est évidente. L'État,
dans cette théorie, n'étant essentiellement qu'une
association de profit mutuel, le sujet trouve principalement son avantage dans le succès de l'État en
tant qu'entrepreneur de pillage, là où d'autres sont
dépouillés; et la guerre qui, selon Hobbes, est,
dans l'état de nature, universelle et perpétuelle,
supprimée à l'intérieur de l'État pour le bien des
sujets, devra, très naturellement, et, il n'hésite pas
à le dire, très légitimement, continuer à régner
entre les États, du moment où aucune puissance
supérieure ne s'est engagée par contrat à les
préserver de ses maux. La loi et l'ordre, donc,
d'après la théorie de Hobbes, s'arrêtent aux frontières de chaque État particulier. Puisque la société
politique est fondée sur des intérêts et non sur
des droits, nul droit, selon Hobbes comme selon
Machiavel, n'étant inhérent à la nature humaine,
la guerre internationale durera indéfiniment, car
les hommes n'ont aucun moyen de l'empêcher;
et la nation la plus prospère sera celle qui,

étant la plus forte, pourra dépouiller les autres.

Il faut s'attendre qu'une société des États où règne une telle philosophie ait peine à trouver la loi morale suffisante pour assurer la paix. Qu'il ait été emprunté à Hobbes ou à quelque autre source, c'est ce système d'idées qui, en fait, pour l'essentiel, a gouverné les relations des États entre eux au temps de l'absolutisme; et l'on ne peut dire que la théorie sur laquelle il repose ait été entièrement abandonnée, même de nos jours.

Pourtant, les conséquences de la théorie politique soutenue par Hobbes ne tardèrent pas à se manifester dans la société, à l'intérieur même de l'État. On s'aperçut qu'un gouvernement absolu pouvait être assez opprresssif pour devenir intolérable. Le premier qui ait exposé les imperfections du gouvernement absolu, et remplacé l'idée sur laquelle il reposait par une autre théorie, fut John Locke (1632-1704). Dans son « *Traité du gouvernement civil* » (1689), il met un contrat à la base du gouvernement civil comme avait fait Hobbes. Ce contrat, historiquement, est, bien entendu, une fiction, mais c'est une juste idée directrice. Pour Locke, toutefois, le gouvernement n'a pas été créé originairement par un contrat relatif à la protection des intérêts, mais par un contrat relatif à la protection des droits. Tout homme, dit Locke, à l'état de nature, possède des droits : le droit de vivre,

le droit de n'être point lésé, le droit de jouir en
paix de sa propriété. Tant qu'il demeure dans l'état
de nature, il ne peut garantir ses droits qu'en les
défendant lui-même, et il n'y arrive peut-être qu'imparfaitement. Les hommes se sont donc réunis
pour fonder une société civile, en vue de la protection de leurs droits, et ils ont établi des gouvernements qui leur assurent cette protection. Ils n'ont
en aucune façon abandonné leurs droits : ils les
ont retenus dans leur entier; seulement, en
échange de la protection qu'ils reçoivent, ils ont
promis d'obéir au gouvernement qu'ils ont établi et
de le soutenir; et ils sont obligés de tenir leur
promesse aussi longtemps que le gouvernement
protège leurs droits, ainsi qu'il s'est engagé à le
faire, mais non un jour de plus. En un mot, un
gouvernement tient son autorité d'une constitution, que Locke supposait verbale; et, quand cette
constitution est violée, le gouvernement qu'elle
a établi prend fin, et les hommes deviennent libres
d'en établir un autre, à leur choix, sous une forme
différente.

La portée qu'a cette théorie, en ce qui concerne
la société des États, est évidente, bien que Locke
n'ait pas eu l'intention de l'appliquer aux affaires
internationales. Si un simple État repose sur un
contrat, il n'y a pas de raison pour qu'un groupe
ou une association d'États ne repose pas également

sur un contrat; et rien n'empêche, par conséquent, qu'il ne forme une société d'États, exactement comme un simple État est une société organisée, composée d'individus.

Mais la théorie de Locke va même un peu plus loin. Il n'est pas nécessaire, pour la correction de sa doctrine, qu'à un moment quelconque des temps historiques, les hommes aient abandonné l'état de nature pour s'unir entre eux et former un État reposant sur un contrat. Si un tel moment a jamais existé, ce qui n'est pas probable, des milliers de générations d'hommes se sont succédé depuis ce temps, qui n'ont jamais formellement fait un tel contrat. Le plus qu'on puisse dire, c'est que ceux-ci, étant nés dans un État qui existait préalablement, ont accepté tacitement les clauses d'un contrat encore en vigueur.

Considéré de ce point de vue, le vrai fondement de l'État et de son gouvernement est, en dernière analyse, le consentement des gouvernés, étant admis que ceux-ci sont capables d'exprimer leur consentement.

Influence de la doctrine de Locke sur l'idée de souveraineté.

Il n'est pas difficile de voir à quelles conclusions conduit cette doctrine, s'il s'agit de savoir ce qu'est la véritable souveraineté et à qui elle appartient en dernière analyse.

Tout d'abord, cette théorie repousse l'idée d'un pouvoir absolu qui ne reposerait pas sur des droits naturels et innés. L'État, par conséquent, ne peut en aucune façon être placé au-dessus des droits, ni posséder une autorité plus grande que la leur, puisqu'il est lui-même une émanation des droits, lesquels sont sa seule source d'autorité. S'il était tout simplement le pouvoir, ne s'appuyant pas sur des droits, il faudrait qu'il eût une autre origine que celle que lui attribue cette théorie.

Il est vrai que l'État possède le pouvoir, et le pouvoir d'imposer l'obéissance; mais c'est là un privilège accordé au gouvernement par ceux qui l'ont constitué, comme un instrument destiné à la défense de leurs droits; et, si l'État en fait usage pour quelque autre objet, ceux qui le lui ont conféré à l'origine peuvent, en vertu du contrat, refuser de le lui renouveler, lui faire opposition, et même, s'il est nécessaire, le renverser par la force.

Il y a, ici, toutefois, une distinction à faire. L'État peut être considéré comme n'ayant, à aucune époque passée, existé sous une forme complète et immuable. Il n'est pas un tout figé, incapable de se modifier. Il comporte, de toute nécessité, un développement. Il demeure, pour toujours, modifiable par le droit, puisqu'il en est l'incarnation. Or de nouvelles lois peuvent être établies aussi longtemps que le pouvoir législatif se tiendra dans les limites du contrat primordial, par lequel il s'est engagé à assurer la protection des droits. Mais il semble résulter de là que, lorsque les lois ont été une fois faites, et qu'elles ont été acceptées ainsi que l'exige le contrat, elles engagent les citoyens d'une façon absolue; et que le pouvoir de l'État peut être légitimement employé à les faire respecter.

Ainsi conçue, la souveraineté n'est pas autre chose que le droit de se déterminer soi-même, appartenant à l'État en tant que personne juridique. Dire qu'il est supérieur à tout droit serait méconnaître sa vraie nature; car il est l'affirmation de la capacité établie par la loi. En dehors de la loi, il n'a aucune signification. Une agglomération d'hommes qui ne seraient pas associés pour des fins juridiques, ne saurait être regardée comme formant un État, quelque considérable et puissante qu'elle fût. Une bande de pillards organisée pour le vol, ou une société de marchands organisée uniquement pour le profit, ne peuvent constituer un État, alors même qu'elles seraient munies d'une artillerie et d'une flotte de guerre capables de faire valoir leur volonté. Tout ce qui constitue l'essence de l'autorité souveraine lui vient, par conséquent, de ses origines et de ses fins juridiques.

Et il n'est pas difficile de déterminer où réside la souveraineté ainsi conçue. Ce n'est pas dans un gouvernement, quelle que soit sa forme; ce n'est pas dans les individus qui composent la nation, quelque nombreux qu'ils soient; mais c'est dans l'État en tant que personne juridique, dans la communauté organisée en tant qu'ensemble d'individus liés entre eux par des droits communs.

La souveraineté est-elle antérieure à l'existence de l'État? Si elle existait avant l'État, si elle appartenait à chaque individu personnellement, en dehors de sa relation avec l'État, chacun devrait en posséder une petite portion; et il y aurait des souverainetés plus ou moins grandes, inversement proportionnelles au chiffre de la population des différents États. Mais la souveraineté n'est pas une somme matérielle, faite de parties. Comme la conscience n'est pas faite de petites bribes de sentiment, mais est une unité organique, ainsi la souveraineté résulte de la combinaison d'éléments qui ont déjà des relations organiques les uns avec les autres. Les hommes ne consentent pas à former un État s'ils ne forment déjà une société, et la souveraineté apparaît pour la première fois quand une société devient consciente de ses droits et de la nécessité où elle est de soumettre sa conduite à une règle générale.

Contribution de la doctrine de Locke à l'établissement d'une société internationale.

Tout à l'organisation intérieure de l'État, Locke n'a pas étendu sa théorie à la forme la plus large de la société, que l'on commençait alors seulement à concevoir; et personne ne semble, que nous sachions, avoir accordé à cette théorie toute l'attention qu'elle mérite par ses conséquences touchant le Droit des Gens.

En cherchant le fondement de l'État dans un contrat, et en remarquant que ce qui caractérise un contrat, c'est le consentement, Locke travaillait à créer une organisation de la société humaine beaucoup plus large que celle qu'il envisageait dans son *Traité du gouvernement civil*. Si l'État lui-même repose sur un contrat consenti par ceux qui sont soumis à ses lois, si la formule d'un droit impératif est le consentement du gouverné, et si la souveraineté est, non le fait d'être au-dessus du droit, mais la faculté de se déterminer librement dans les limites des relations juridiques, il semble que la société des États soit aussi capable d'avoir une organisation juridique que les membres d'une simple communauté; car, ainsi considéré, le système entier de l'organisation sociale n'est pas une institution imposée d'en haut, par une puissance

supérieure, mais une création qui s'est faite d'elle-
même, par un développement interne, grâce à la
libre activité de la raison de l'homme, répondant
à ses impérieux besoins sociaux.

Il se peut que la société internationale soit de-
meurée jusqu'ici à l'état de nature et qu'il n'ait été
pris, pour protéger les droits de l'État, aucune
mesure convenable, analogue à celles que prend
l'État pour protéger les droits des individus; il se
peut que chaque État doive faire comme faisaient
les individus avant l'existence de l'État, c'est-à-dire
livrer bataille pour sa propre défense et s'arroger
le droit d'agir ainsi; mais y a-t-il quelque empêchement intrinsèque, en dehors d'une opposition
purement arbitraire et coupable, au développement
ultérieur de cette plus grande société, selon des
principes analogues à ceux qui ont gouverné le
développement de la petite?

Les pouvoirs du gouvernement sont, en général,
selon Locke, déterminés précisément de manière à
remédier aux maux qui existaient dans l'état de
nature. Ces maux peuvent être décrits, d'après
Locke, dans les termes que nous allons citer; et il
est intéressant de remarquer à quel point les
maux qui existent encore aujourd'hui dans la
société des États correspondent à ceux qui appelaient un remède avant l'existence de l'État.

« 1° Il nous manque un droit établi, fixé, reconnu,

reçu, et accepté, d'un commun accord, comme
pouvant servir de critère du bien et du mal et
de commune mesure pour régler toutes les controverses humaines. Car, bien que le droit de
nature soit simple et intelligible pour toutes les
créatures raisonnables, les hommes, néanmoins,
sont si préoccupés de leur intérêt, en même temps
qu'ils ignorent le droit de nature pour ne l'avoir
pas étudié, qu'ils refusent de reconnaître ce dernier
comme une loi qui les oblige et qui s'applique à
leur cas particulier.

« 2º Il nous manque, dans l'état de nature, un
juge connu et impartial, ayant l'autorité nécessaire pour régler tous les différends, conformément à la loi établie; car, dans cet état, chacun
étant à la fois juge et exécuteur du droit de nature,
et les hommes étant généralement partiaux en leur
propre faveur, la passion et la rancune risquent de
les entraîner trop loin et de les rendre trop ardents
pour la défense de leur propre cause; sans parler
de la négligence et de l'indifférence qui les rendent
peu ardents pour la défense de la cause d'autrui.

« 3º Il nous manque souvent, dans l'état de nature, la puissance d'appuyer et de soutenir la sentence lorsqu'elle est juste, et de l'exécuter jusqu'au
bout. Ceux qui ont été victimes de quelque injustice manquent rarement, s'ils le peuvent, de se
défendre pour corriger cette injustice; une telle

résistance rend le châtiment dangereux, et souvent même fatal à celui qui la tente.

Le mandat confié par l'homme à ses gouvernants.

Tels sont donc les trois vices de la condition primitive, pour lesquels l'homme a cherché des remèdes correspondants, par la constitution de l'État. Ces remèdes sont : 1° une claire définition de la loi juridique comme distincte de la loi morale; 2° une interprétation et une application impartiales de la loi juridique; 3° les moyens de l'imposer.

Est-il impossible que, dans la société des États, des défauts analogues soient corrigés de la même manière?

Si les maux qu'enduraient les hommes et les pertes qu'ils subissaient à l'état de nature les ont amenés à chercher un refuge dans l'État comme incarnation du droit, est-il probable que les nations civilisées, avec cet exemple sous les yeux, consentiront à demeurer perpétuellement sous le régime de la guerre, l'attendant souvent, la préparant toujours?

L'homme se donna des mandataires, et l'État moderne naquit. C'est lui qui tira l'État de la honte de l'esclavage et du despotisme du pouvoir absolu.

Ne parlera-t-il pas de nouveau quand le moment sera venu ?

Ayant créé les gouvernements, de par l'autorité de ses droits naturels, et les ayant enfermés dans des constitutions afin de mieux assurer sa propre sécurité ; les ayant chargés de faire des lois égales et justes pour tous les citoyens à l'intérieur de l'État, ne commandera-t-il pas à ses gouvernants de donner aux droits humains une garantie plus solide encore, en faisant régner la loi entre les nations, et en établissant, sur cette justice impartiale qui dominera la société des États, l'assurance durable de la paix internationale ?

CHAPITRE V

L'ÉTAT COMME SOUMIS A UNE LOI POSITIVE

Qu'est-ce que la civilisation ? — L'État comme mesure de la
civilisation. — Unité fondamentale de la civilisation. —
Naturalistes et positivistes. — Les adhérents de Grotius.
— Idée que se faisait Wolf de la société des États. — Rôle
de la jurisprudence en diplomatie. — Nature et autorité
du droit international. — Projet d'une codification du droit
international. — Évolution contemporaine du droit international. — Soumission de l'État au règne du droit.

Ayant constaté qu'il existe réellement une société
des États et qu'elle est de nature à être gouvernée
par des lois, nous sommes amenés maintenant à
nous demander quelles sont les lois qui répondent
aux besoins de cette société, si ces lois existent dès
à présent ou doivent être instituées, et d'après
quel critérium on pourra mesurer leur autorité.

Toutefois, avant de pousser plus avant cette
recherche, nous pouvons peut-être faciliter notre
tâche en déterminant ce qu'il y a de commun chez
les nations civilisées, et en cherchant quel est le
lien qui unit les États souverains de manière à en
former une société.

Qu'est-ce que la civilisation?

Quand nous observons la complexité de l'existence sociale moderne dans ce que nous appelons les pays civilisés, il nous semble tout d'abord difficile de déterminer ce qui, au juste, constitue la civilisation. Nous arriverons peut-être plus facilement à distinguer ce qui est essentiel à la civilisation de ce qui ne lui est pas essentiel, si nous considérons le contraste qui existe entre l'évolution sociale des pays que nous disons civilisés et celle des pays que nous disons non civilisés.

Si nous comparons les extrêmes ainsi mis en présence, nous constatons que, dans les pays considérés comme civilisés, fleurissent l'art, la science, l'industrie, spécialement l'industrie mécanique, la littérature et l'éducation; tandis que, dans les pays dits non civilisés, nous ne trouvons aucun de ces modes d'activité, ou nous ne les rencontrons que sous une forme tout à fait rudimentaire. Nous pourrions très bien, par conséquent, conclure *a priori* que ce sont ces formes de culture qui, dans leur ensemble, constituent la civilisation; mais, avec un peu plus de réflexion, nous découvrons qu'elles ne sont, en réalité, que les signes extérieurs de la civilisation. Si nous les étudions dans leur développement, nous acquérons la conviction qu'elles sont le résultat des multiples activités d'un peuple, lesquelles sont mises en mouvement par un esprit d'initiative individuelle et s'expriment sous des formes très variées. D'où vient ce besoin général d'expression qui caractérise la communauté civilisée et qui fait contraste avec l'inertie et l'uniformité que l'on trouve chez les sauvages?

Toutes ces manifestations variées résultent directement du libre exercice des facultés humaines, stimulées par des conditions favorables à leur développement. Si nous voulons pénétrer, dans ses causes mêmes, la vraie nature de la civilisation, nous devons regarder par delà les simples phénomènes, et tâcher de découvrir les conditions qui les déterminent.

Notre première idée pourrait être de chercher ces conditions dans le milieu physique, en même temps que dans les besoins sociaux et dans les facilités qui en résultent. Mais, si nous regardons de près l'influence que la nature, à elle seule, exerce sur l'activité humaine, nous constatons que la beauté naturelle n'inspire pas nécessairement l'art, que la richesse des ressources naturelles ne suffit pas à créer l'industrie, que la variété des produits naturels ne suscite pas d'elle-même le commerce.

Si nous essayons de chercher ces conditions dans la nature des individus qui présentent les marques de la civilisation, et si nous les rapportons à l'influence de la race, nous rencontrons des difficultés plus grandes encore ; car, historiquement, ces formes de culture ne se manifestent pas comme des attributs de la race, mais comme le produit des conditions sociales. Il se peut que des aptitudes spéciales pour les arts, la science, l'industrie, etc., soient possédées par certaines races, et non par d'autres ; mais ces aptitudes sont toujours restées purement latentes et sont demeurées improductives, tant qu'elles ne se sont pas trouvées dans des conditions favorables à leur exercice.

Nous sommes donc conduits à cette conclusion, que les signes extérieurs ou les manifestations de la civilisation sont le résultat du libre développement des énergies humaines, dans des conditions favorables à leur exercice ; et nous trouvons ces conditions dans la protection assurée par l'État à la personne et à la propriété, qui libère et rend actives des énergies multiples, lesquelles, autrement, resteraient inertes et improductives. Car il n'est jamais certain que l'effort soit récompensé.

Dans les conditions de l'état de nature, il n'y a de sécurité ni pour la personne ni pour la propriété. Il n'y a pas de raison, par conséquent, et il n'y a qu'une bien faible chance, pour que l'activité s'emploie à autre chose qu'à la satisfaction des besoins immédiats de l'individu. Mais, lorsque tout membre de la communauté est délivré de la nécessité de se défendre et du sentiment d'insécurité, par l'assurance que sa personne sera protégée et les droits de sa propriété respectés, il se trouve incité à user du plein exercice de ses facultés mentales pour le perfectionnement de telle forme du beau qui lui tient particulièrement à cœur. Du moment où règne cette tranquillité, les aptitudes latentes se mettent en activité, et les signes extérieurs de la civilisation apparaissent d'eux-mêmes.

Bien qu'il puisse exister une relation spécifique entre les différentes formes de culture et les différentes formes de gouvernement, la condition essentielle de la civilisation ne saurait se trouver dans une forme particulière de gouvernement. Car la civilisation peut fleurir, du moins jusqu'à un certain point, ainsi que le prouve l'histoire, sous toutes les formes de gouvernement réalisant approximativement l'idéal de l'État. L'essentiel est que cet idéal soit en partie réalisé; car, autrement, le libre développement des facultés humaines se trouve entravé, et la fleur de la civilisation se flétrit, par suite de l'appauvrissement de ses racines.

L'État comme mesure de la civilisation.

Il est vrai que l'histoire nous signale quelques-unes des marques les plus éclatantes de la civilisation, là même où l'idéal de l'État n'était pas réalisé sous une forme très parfaite ou même sous une forme très élevée. Grâce au patronage de quelques princes riches et puissants qui avaient confisqué à leur profit toutes les forces vives de la nation, et grâce à leur libéralité, l'art et la littérature ont pu prospérer; mais l'industrie, mal conduite, surchargée d'impôts, rendue plus timide et moins entreprenante par la cupidité et les exactions des princes, a visiblement souffert. Le commerce peut se développer sous le régime du monopole, alors que le peuple souffre de l'oppression qu'engendre ce régime. Toute espèce de protection ou de négligence de la part de l'État produit ses conséquences naturelles, bonnes ou mauvaises. Il n'en reste pas moins que le caractère de la civilisation dépend de la mesure où l'idée de l'État a été réalisée. La raison en est dans la relation nécessaire qui existe entre les facultés et forces de production de l'homme, d'une part, et le degré de liberté et de sécurité où celles-ci peuvent s'exercer, d'autre part.

Si le présent exposé est exact, on peut mesurer le degré de civilisation atteint par une nation ou par une communauté d'hommes, au degré d'organisation de l'État, c'est-à-dire au degré où les lois et la politique de l'État ont réussi à s'incorporer l'idée juridique.

Cette vérité devient plus évidente au fur et à mesure que nous poursuivons notre étude. Ce n'est pas seulement l'éclat extérieur de la vie, dans une forme quelconque de ses manifestations, qui constitue la civilisation. Quelques-unes de ses manifestations extérieures, telles que l'art, l'industrie et certaines espèces de commerce considérées isolément, peuvent exister grâce au patronage ou à la contrainte d'un pouvoir despotique, même dans un pays relativement barbare. L'assertion suivant laquelle l'État est le *fons et origo* de la civilisation se trouve confirmée par ce fait que de tels signes n'apparaissent pas en grand nombre là où l'État ne les a pas précédés ; et par cet autre fait connexe, que jamais ces signes ne coexistent dans une combinaison harmonieuse que là où une réalisation avancée de l'idéal de l'État a libéré et appelé à l'action les facultés humaines qui les produisent. Nous voyons, par conséquent, que la perfection de l'État est la vraie mesure de la civilisation, puisque l'État est le principe déterminant dont celle-ci procède.

Ce ne sont donc pas les signes extérieurs : arts, sciences, littérature et commerce, que nous devons considérer, quand nous voulons juger des progrès de la civilisation, mais bien la cause première de ces phénomènes. Ni l'habileté, ni le savoir, ni le talent d'expression, ni le luxe, ne peuvent maîtriser ou faire disparaître la barbarie. Il se peut même que quelques-unes de ces qualités lui servent d'ornements. Ce qui frappe une communauté du sceau de la civilisation, c'est la sécurité des droits garantie par des lois équitables, c'est-à-dire le degré de perfection où l'idée juridique est réalisée.

Jugée d'après ce critère, la civilisation d'un pays ne dépend pas de l'étendue de son territoire, ni du nombre de ses habitants, ni de la richesse qu'il peut posséder. Un pays est civilisé exactement dans la mesure où il reconnaît, applique et respecte ces principes que l'État a pour mission d'imposer par la force. Son sol a beau être pauvre, ses villes peu nombreuses et peu étendues, son peuple simple et frugal, s'il maintient les droits de tous les citoyens à la vie, à la liberté, au libre exercice de leurs forces et à leur libre développement, s'il les protège contre l'injustice, c'est un pays civilisé dans le meilleur sens du mot.

Si la civilisation, considérée ainsi dans son vrai sens, ne prend pas racine dans les convictions du peuple et ne s'appuie pas sur sa volonté, c'est une illusion de croire qu'une nation soit civilisée.

Unité fondamentale de la civilisation.

Nous voyons donc que la civilisation proprement dite n'est pas une simple coïncidence de manifestations extérieures, mais bien un processus de transformation dans la vie de l'humanité. C'est la substitution de l'ordre au désordre, de la liberté à l'esclavage. C'est la libération progressive des énergies de l'homme pour l'accomplissement de ses tâches les plus élevées et les plus nobles, dans tous les domaines de son activité ; et cette libération est le fait d'une sécurité plus complète.

Nous ne saurions, par conséquent, parler de différentes civilisations : il n'y a qu'une civilisation. Quand nous parlons des civilisations de l'antiquité : de l'Assyrie, de l'Égypte et de la Grèce, par exemple, ce que nous entendons, ce ne sont pas des civilisations différentes, mais différentes formes de culture. Lorsque, avec l'inexactitude de notre langage, si riche, pourtant, sous mille rapports, nous parlons de l'histoire de la civilisation, en voulant parler de l'histoire de la culture, de ce que les Allemands expriment si bien par le mot de *Kulturgeschichte*, nous nous abusons, et nous en venons, finalement, à considérer la civilisation comme une somme de manifestations extérieures, au lieu d'y voir un principe interne ou un processus d'évolution.

L'origine latine du mot aurait dû nous préserver de cette erreur, qui est venue, sans doute, de l'habitude où nous étions d'opposer la civilisation, qui est un composé de causes et d'effets, à la barbarie, qui n'est ni une cause ni un effet, mais simplement une condition d'existence ou une phase de la vie de l'humanité, un peu plus élevée que celle de la sauvagerie.

Mais, si nous considérons la civilisation comme un processus de développement tendant toujours vers un même but : l'amélioration de la condition de l'humanité par le libre exercice des facultés humaines, que favorise la sécurité publique, nous comprenons que, bien que les uns et les autres n'approchent pas également du but, il y a et il doit y avoir une unité parfaite dans le processus lui-même, et que, par conséquent, bien qu'ils soient inégalement près du but, tous, vraisemblablement, s'efforcent d'y arriver.

Si cette supposition est fondée, nous pouvons nous attendre à trouver, chez les nations civilisées, une disposition de plus en plus forte à accepter toutes les mêmes principes, et une unanimité de plus en plus complète pour les appliquer. L'histoire de la société des États-Unis nous enseigne qu'en effet il en a été ainsi.

Comme nous l'avons déjà vu, nul écrivain, avant l'époque de Grotius, n'avait tenu pour digne de

discussion l'idée d'un Droit des Gens général. Et
Grotius trouva cette idée si maigre, si incertaine
et si peu satisfaisante pour l'intelligence rationnelle, qu'il jugea nécessaire de la nourrir et de la
perfectionner par de nouvelles déductions, tirées
du droit de nature tel qu'il l'entendait. Nous
avons vu aussi que le premier grand apôtre de la
doctrine de Grotius, Pufendorf, trouva le Droit
des Gens si plein de contradictions qu'il refusa de
le considérer comme un droit, au sens proprement juridique ; et que, retournant à la vague idée
d'un droit de nature, il entreprit d'en déduire les
règles qui doivent gouverner les États en tant que
personnes morales, réduisant ainsi le Droit des
Gens au rôle d'une morale internationale, qui lie-
rait les consciences sans être matériellement obligatoire.

Quoi que l'on puisse dire des pratiques des
États, il est bon de remarquer que, depuis cette
époque jusqu'à nos jours, dans tous les pays civilisés du monde, le droit international a été considéré comme digne d'occuper les plus grands
esprits, et que beaucoup de grands esprits s'y
sont effectivement consacrés. Ainsi que toutes les
autres branches de la science humaine, le droit
international a traversé de nombreux degrés de
développement et a donné lieu à différentes opinions. Mais le fait important, c'est que certains

principes sont aujourd'hui universellement reconnus, non seulement comme liant moralement les consciences, mais comme fournissant une base pour des droits positifs; que ces principes ne sont mis en question par aucun gouvernement civilisé, et que tout gouvernement civilisé considère comme convenable de les faire appliquer. L'unité fondamentale de la civilisation n'est plus, par suite, une simple théorie : c'est un fait indiscutable.

Naturalistes et Positivistes.

Il ne rentre pas dans l'objet de cette discussion de suivre en détail, soit le développement historique des lois qui ont été reconnues comme obligatoires pour la société des États, soit celui de la science qui se rapporte à ces lois. Mais il importe, sous ce rapport, que nous nous fassions une idée claire de la nature des lois qui s'appliquent à la conduite des nations civilisées, de la forme sous laquelle ces lois sont supposées exister, et de la nature de l'autorité sur laquelle elles reposent.

Sans chercher à répondre d'une façon complète à aucune des questions soulevées ici, il peut être bon, tout d'abord, d'appeler l'attention du lecteur sur le conflit d'opinions qui existe entre les naturalistes, qui ont cherché à établir un système de droit international d'après les dictées de la droite raison ou d'après l'interprétation du droit de nature ; et les positivistes, qui ont nié l'applicabilité et parfois même l'existence de ce qu'on appelle droit de nature, refusant d'y voir un droit réel ; et qui ont affirmé l'existence d'un code de règles positives, si clairement et si généralement adoptées par tous les gouvernements civilisés, que ces règles peuvent être considérées, dans un sens réel, comme constituant à elles seules le Droit des Gens.

Au début, l'école naturaliste avait pleinement le dessus et comptait les noms des penseurs les plus influents. En Allemagne, Christian Thomasius (1655-1728) ; en Angleterre, Thomas Rutherford ; en France, le savant Jean Barbeyrac (1674-1744) ; en Suisse, le fameux Genevois Jean-Jacques Burlamaqui (1694-1748), furent des membres distingués de l'école fondée par Pufendorf. Tous insistèrent sur ce point que le droit de nature est la grande source d'où les lois qui doivent diriger les rapports des États entre eux tirent leur autorité.

L'honneur d'avoir fondé l'école positiviste peut être légitimement attribué à Richard Zouch (1590-1660), contemporain de Grotius et professeur de Droit civil à Oxford. Dans le titre de son principal ouvrage, il s'est servi de l'expression *Jus inter Gentes*, ou droit entre les nations, au lieu de l'expression *Jus Gentium*, ou Droit des Gens, employée par Grotius; et il a ainsi proposé, en substance, la désignation que Bentham (1748-1822) devait appliquer plus tard à cette branche du droit, lorsqu'il l'a baptisée : droit international. Cette expression a, depuis lors, été le plus souvent employée.

Bien que Zouch ne niât pas l'existence du droit de nature, il n'y attachait pas une grande importance, car il considérait que le seul droit réel et positif est le droit qui existe en fait, c'est-à-dire celui qui se trouve dans les coutumes des nations.

En suivant cette direction, les juristes allemands Samuel Rachel (1628-1691) et Johan-Wolfgang Textor (1637-1701) considérèrent le Droit des Gens comme consistant dans les règles d'action auxquelles une pluralité d'États libres sont soumis en vertu d'une convention formelle ou tacite. Le juriste hollandais Cornelius van Bynkershoek (1673-1743) insista sur ce fait que l'on trouve un droit international dans les traités entre États. Johann Jacob Moser (1701-1785), professeur allemand, donna un intérêt tout nouveau à ces études, en compilant une grande collection de faits tirés des coutumes et des traités; enfin, George Friedrich von Martens (1756-1821) rendit un immense service en publiant son célèbre *Recueil des Traités*, qui a pris les proportions d'un énorme dépôt d'archives, contenant

15

des documents relatifs aux États. Lui-même fit un
grand usage de ces documents, lorsqu'il composa
son *Précis*.

Les adhérents de Grotius.

Bien que ce qu'on appelle le *droit de nature* soit
considéré aujourd'hui par l'École positiviste comme
non existant, et que cette école tende peut-être,
actuellement, à devenir prépondérante, le droit
international s'est principalement développé selon
le plan tracé par Grotius. La raison en est très
simple. Au cours des siècles qui se sont écoulés
depuis le temps où Grotius écrivait, les règles
internationales fondées sur l'usage sont devenues
toujours plus nombreuses, au fur et à mesure que
l'expérience internationale allait s'élargissant ; et
elles ont été généralement adoptées. Cette circonstance a donné au droit positif une étendue et une
solidité bien plus grandes que celles qu'il avait
eues dans la période antérieure. Mais, quand nous
considérons la façon dont ces progrès se sont
accomplis, nous sommes obligés d'admettre qu'ils
ont été le résultat, non d'un développement purement inconscient ou irraisonné, mais bien d'une
application constante des principes que l'on avait
d'abord supposés être dérivés du droit de nature.
Quoi que l'on puisse dire maintenant du vague et

du néant de cette prétendue source d'autorité, on
ne peut nier que les dictées de la droite raison,
pour employer la formule dont se sont servis,
Grotius et ses premiers successeurs, aient exercé
une grande influence, en déterminant les coutumes
et les clauses des traités, sur lesquelles l'école
positiviste s'appuie triomphalement aujourd'hui
pour affirmer l'existence d'un droit positif international. On ne peut nier, non plus, que ces progrès
eussent été bien insignifiants, si les naturalistes
n'eussent continué à soutenir que des principes
purement moraux agissent, d'une façon persis-
tante, sur la conscience des hommes politiques
et des diplomates, et qu'ils sont dignes d'être
observés.

De ce point de vue nous pouvons apprécier la
fécondité de la méthode adoptée par Grotius, et,
bien que, dans son essence, sa doctrine nous pa-
raisse aujourd'hui élémentaire, étroite et démodée
sous bien des rapports, le fait qu'elle ait reconnu,
d'une part, des usages établis, d'autre part des
principes au nom desquels ces usages peuvent être
améliorés, montre la clarté de ses vues sur la
matière à laquelle il cherchait à donner une forme
scientifique, et la largeur de son intelligence, qui
lui permettait d'embrasser dans son système les
deux facteurs différents, mais également essentiels,
du progrès juridique.

On peut trouver une confirmation de l'opinion que nous soutenons ici, dans ce fait que l'école positiviste n'a jamais pu se dispenser entièrement de recourir à des principes généraux plus larges que les lois positives qu'elle avait trouvées toutes faites, jusqu'au moment où, dans la dernière partie du xix⁰ siècle, l'application de ces principes eût donné une somme de résultats positifs assez considérable pour que le droit international apparût comme une réalité indépendante. Mais il semble douteux qu'un recours aux principes généraux puisse, dès à présent, ou même dans un avenir quelconque, être absolument évité par les écrivains qui cherchent à pré   le droit positif lui-même sous une forme comp.   systématique. Ce n'est que dans une certaine mesure que l'on peut prétendre qu'un écrivain, quel qu'il soit, ait pu cultiver le champ du droit international tout entier, en restant strictement fidèle à sa théorie. Dans tous les livres que l'on peut citer, traitant de la nature réelle du droit international, se trouvent des arguments tirés des principes généraux ; ce qui revient à dire que tout écrivain qui traite le sujet se réclame des dictées de la droite raison. Nous sommes donc obligés de conclure que, parmi les écrivains actuels, les positivistes sont ceux qui essaient de montrer ce qu'est, selon eux, le Droit des Gens plutôt que ce qu'il doit être.

Idée que se faisait Wolf de la société des États.

Au nombre des plus anciens écrivains qui ont marqué d'une empreinte profonde le droit international, il faut mentionner Christian Wolf (1679-1754), professeur de philosophie à Halle, qui a exercé une influence prépondérante sur la période qui va de Leibniz à Kant, mais dont les œuvres volumineuses sont aujourd'hui presque oubliées[1].

La principale contribution de Wolf à la science du droit est la claire distinction qu'il établit entre les droits et les obligations individuels, d'une part, et les droits et les obligations politiques, d'autre part. Il considère que les États, comme les individus, ont des droits naturels, et sont, par conséquent, liés par des devoirs réciproques correspondants. A ce point de vue, la loi est, par la nature des choses, inhérente à la société des États, au même sens exactement où elle est incarnée dans les divers États qui composent cette Société.

Nous trouvons donc ici une conception parfaitement logique de l'unité juridique de tous les États civilisés. Nous ne sommes pas surpris, par conséquent, de voir Wolf plaider en faveur d'une *Civitas*

---

1. Les plus importantes, en ce qui concerne le droit international, sont: *Jus Gentium methodo scientifico pertractatum*, 1749; et *Institutiones juris naturæ et gentium*, 1750.

Maxima ou État universel, comme étant l'unité idéale de laquelle tous les États civilisés sont les parties coordonnées. Tous sont liés entre eux, dit-il, comme membres de ce système suprême de droits et de devoirs, aussi réellement que des individus sont liés entre eux dans leurs relations réciproques au sein d'un État particulier. Dans l'État universel, chaque nation doit à chaque autre ce qu'elle se doit à elle-même, dans la mesure où l'autre en est privée et où elle-même ne manque pas à son devoir envers soi.

L'idée d'un État universel conçu, non dans le sens romain d'un Empire universel, mais dans le sens d'une communauté plus élevée, composée d'États libres et indépendants, ne saurait, de bonne foi, être écartée comme un pur rêve de métaphysicien. Étant admis que tous les États possèdent des droits naturels, exactement comme les individus, comment échapper à cette conclusion, que l'ensemble de ces personnes juridiques doit former une communauté juridique, caractérisée par l'unité en ce qui concerne sa cohésion interne, et par la réciprocité en ce qui concerne les relations de ses membres entre eux? À ce point de vue, l'existence d'un État universel, au sens juridique du mot, est aussi claire et nécessaire que la conclusion d'une démonstration géométrique.

Il est évident également que Wolf n'avait pu

songer à enseigner qu'il existe un État universel
en un autre sens que le sens juridique. Personne
ne peut croire que, sous prétexte qu'un composé
logique de droits et d'obligations mutuels implique
la conception d'un État universel en un sens idéal,
un tel État doive être regardé comme une institution humaine déjà existante.

On peut se dire, pourtant, qu'un tel État universel,
étant la corrélation logique des conceptions juridiques les plus nécessaires, offre un idéal vers
lequel il est rationnel que l'humanité tende de
toutes ses forces. Nous pouvons même aller un peu
plus loin et ajouter que, quelles que soient les
difficultés apparentes que présente sa réalisation,
il n'est pas inconcevable que cet idéal puisse être
un jour réalisé. S'il est vrai, ainsi que nous l'avons
soutenu, que la civilisation soit essentiellement
une, et tende de toutes parts à faire reconnaître et
respecter universellement les droits de l'humanité,
il devient évident que cette évolution aura comme
résultat naturel et presque inévitable la création,
dans le monde, d'un ordre juridique positif, lequel
ne sera pas très différent de l'État universel conçu
par le philosophe de Halle.

Rôle de la jurisprudence en diplomatie

Le caractère spéculatif de la théorie de Wolf ne donnait à son ouvrage qu'une valeur relativement faible aux yeux de ceux qui cherchaient à savoir ce qui était réellement accepté par les hommes d'État comme droit international. Un service immense a été rendu sous ce rapport par Emerich de Vattel (1714-1767), diplomate suisse qui fut aussi engagé dans le service officiel de la Saxe et de la Pologne, et qui, grâce à la longue expérience qu'il avait acquise dans le monde réel des relations diplomatiques, put apporter des correctifs aux doctrines juridiques de Wolf.

Ainsi que l'on pouvait s'y attendre, Vattel trouva dans l'enseignement de Wolf une base utile et solide pour l'action diplomatique. Mais, naturellement, il ne put accepter l'idée d'un État universel comme représentant une institution positive, ou comme inspirant le Droit des Gens positif. Tout en adoptant la doctrine de Wolf, qui considère les droits naturels des États comme fondés philosophiquement, il cherche à les appliquer dans la sphère de la pratique. Son ouvrage est le premier livre relatif au droit international où se trouvent combinées une claire conception des principes directeurs et une ample connaissance pratique des faits, méthodes et

conditions de la politique réelle, telle qu'elle se
pratiquait à cette époque, et où soit dégagé distinctement le fondement commun du droit et de
la diplomatie.

Ce résultat ne différait pas de ce qui arrive
quand on applique les mathématiques pures aux
problèmes concrets de l'art de l'ingénieur; et l'on
constata que, de même que l'abstraite vérité mathé-
matique est applicable aux phénomènes naturels,
quoiqu'il n'y ait pas, dans la nature, de cercles
parfaits, mais seulement des approximations de
cercle; ainsi les droits abstraits des États, alors
qu'ils offrent un principe théorique pour des
constructions abstraites, ne peuvent être réalisés
entièrement dans aucun système légal.

Quelque éloigné qu'il fût du champ de la pratique, Wolf lui-même comprit que cette impossibilité était due à ce que les droits sont nécessairement limités par les conditions propres à une
communauté donnée. S'il n'y avait, par exemple,
qu'un seul homme dans le monde, cet homme
aurait un droit sur le monde tout entier. Mais, lorsqu'un homme fait partie d'une société, composée
d'autres hommes possédant des droits égaux, il est
évident que les droits de chaque individu sont
effectivement modifiés et limités par le fait de vivre
en communauté; et quelque chose d'analogue est
vrai également en ce qui concerne les États.

Étant donné que la réalisation parfaite de tous
les droits théoriques devient pratiquement impossible dans une société, Wolf admet que, par suite,
il existe des droits imparfaits qui ne peuvent être
protégés par la loi ; tandis que le respect de certains autres droits, parfaits ou susceptibles d'être
complètement réalisés, peut être imposé juridiquement. Ceux-ci peuvent faire l'objet d'un Droit
des Gens positif.

Puisant dans sa grande expérience diplomatique,
Vattel a écrit un ouvrage plein de savants détails
et de bon sens pratique. Cet ouvrage est encore
très apprécié aujourd'hui des hommes politiques
et des diplomates, pour cette raison que, pendant
longtemps, il est resté le meilleur qui existe et qui
parvienne à combiner les grands principes du
droit avec le juste sentiment des conditions concrètes dans lesquelles la diplomatie doit agir[1]. Or
il est à peine nécessaire de faire remarquer que la
procédure diplomatique a été et sera toujours, dans
le développement du droit international positif, le
principal agent créateur. Quelque nombreux que
soient les cas où elle s'est employée pour des fins
mauvaises et coupables, le rôle de la diplomatie a
été généralement d'introduire progressivement, et

---

1. VATTEL. *Le Droit des Gens, ou Principes de la loi naturelle appliqués à la conduite et aux affaires des nations et
des souverains*, 1758.

toutes les fois que l'occasion s'en présentait, des
idées juridiques simples et équitables dans la pratique de la vie des nations; car c'est par ce moyen,
et par là seulement, que les mœurs politiques
peuvent être améliorées et que le progrès de la
civilisation, en ce qui concerne les affaires internationales, peut être favorisé.

On s'imagine quelquefois, il est vrai, que la
fonction d'un diplomate consiste à assurer à son
pays la plus grande somme possible d'avantages
immédiats, et que, pour atteindre ce but, il peut
employer tous les moyens, pourvu seulement qu'il
réussisse. Mais ce n'est là que l'induction sommaire
du novice ou de l'observateur ignorant et irré-
fléchi. Le juge qui fait autorité en ces matières,
ce n'est pas la populace séduite, qui applaudit à une
victoire nationale, remportée sur le terrain de
l'habileté, alors même que cette victoire serait
due à la ruse et à la déloyauté. Le vrai juge,
c'est l'histoire, qui apprécie le succès et l'insuccès,
d'après une autre mesure : celle du bien durable.
Chargé de la haute responsabilité de veiller sur les
intérêts de sa patrie, pris dans leur sens le plus
large, et de les favoriser, le diplomate qui a étudié
à l'école de l'histoire n'hésite pas à penser qu'en
dernière analyse la meilleure manière dont il
puisse servir le premier et le plus constant intérêt
de ses compatriotes est de ne rien exiger qui ne

soit juste, et, en même temps, de ne permettre à
personne d'infliger une injustice à sa patrie, sans
avoir préalablement protesté et lutté de toutes ses
forces. Plus la diplomatie devient intelligente, et
plus elle fait d'efforts pour appliquer, toujours
davantage, les principes juridiques du Droit des
Gens. Et c'est la raison pour laquelle il serait sou-
haitable que tout diplomate fût en même temps un
jurisconsulte.

Nature et autorité du droit international.

Nous sommes maintenant en état de comprendre et d'apprécier le principe qui confère au
droit international l'autorité qu'il possède. Ainsi
que nous l'avons vu, s'il n'était autre chose que
la loi morale elle-même, il n'aurait aucune espèce
d'autorité. Sans doute, il engagerait la conscience des hommes d'État, mais celle-ci est trop
variable pour comporter quelque degré de certitude.

Certains écrivains nient qu'il existe un droit
international, au sens strictement juridique. Parmi
eux se trouve le célèbre jurisconsulte anglais, John
Austin (1790-1859), lequel définit le droit : « Les
commandements imposés par une autorité suprême
à des personnes qui lui sont entièrement subor-
données ». Cette définition exclut absolument l'idée

professée par Bentham d'un droit existant entre
les États, ceux-ci n'ayant au-dessus d'eux aucun
pouvoir supérieur ou souverain.

Il est clair, toutefois, que cette conception est
trop étroite pour s'appliquer même à un État
isolé. Une loi votée par un Congrès, par une
Assemblée législative ou un Parlement, est, sans
doute, un droit qui en vaut un autre; mais de
telles lois ne sont pas des commandements imposés par une autorité suprême : elles sont plutôt des
accords, touchant ce qu'il convient d'accepter
comme droit, conclus par les personnes chargées
de légiférer ; et il en est de même des traités qui
font la loi entre les nations, et qui, d'après notre
Constitution, une fois dûment ratifiés, deviennent
la loi suprême du pays.

Dans les pays de langue anglaise, nous avons des
lois fondées sur la coutume, et d'autres qui sont
données, ou, comme certains diraient, déclarées
par les décisions judiciaires. Si, néanmoins, des
règles de conduite appuyées sur la coutume ou
sur des décisions judiciaires peuvent être considérées comme des lois juridiques proprement
dites, alors, sans doute aucun, le droit international, non seulement existe, mais a, dans sa sphère,
autant de réalité qu'une loi municipale peut en
avoir dans la sienne.

Si nous nous demandons ce qu'est le droit, pris

16

dans son sens le plus général, en tant que distinct
de la morale, peut-être la réponse la plus satisfaisante sera-t-elle la suivante : le droit, au sens juridique, est l'ensemble des règles qui, en vertu du
consentement général de tous les membres de la
communauté à laquelle elles s'appliquent, peuvent
être légitimement imposées par la force publique.

Pour déterminer ce qu'est le droit, il n'est pas
nécessaire de trouver une règle qui puisse être
effectivement imposée, car le respect du droit ne
peut pas toujours être obtenu, même par les gouvernements les plus parfaits. Les plus grands crimes peuvent rester impunis, parce que les moyens
de découvrir les coupables et l'action de la justice
sont contrecarrés ou déjoués. Le droit, en dépit
de ces efforts faits pour y échapper, demeure absolument intact.

Le caractère essentiel d'une loi juridique, c'est
le consentement général donné à sa force obligatoire. Lorsque l'idée du droit n'a pu être exprimée
nettement, c'est qu'elle manquait elle-même de
précision; car la loi juridique est, de son essence,
affaire d'opinion. Si nous allons chez un avoué pour
apprendre de lui quel est le droit, il nous donne
son opinion. Si le juge rend un arrêt contraire à
cette opinion, c'est en vertu de l'autorité de son
opinion, laquelle peut, à son tour, être contredite
par l'opinion d'une plus haute cour. Ce que l'on

est unanime pour imposer, c'est, indubitablement, le droit quel qu'il soit, qu'il vienne de la
coutume établie, d'une disposition législative expli-
cite, ou enfin de la décision d'un juge.

Que le droit international existe réellement et
qu'il oblige les États, tant juridiquement que
moralement, c'est ce que tous ont reconnu et ce
que beaucoup ont formellement déclaré. Par la
déclaration d'Aix-la-Chapelle, du 15 novembre
1818, les souverains s'engageaient « à ne jamais
se départir, soit entre eux, soit dans leurs relations
avec les autres États, de l'observation la plus
rigoureuse du Droit des Gens ». Par la déclaration
de Paris, du 16 avril 1856, les plénipotentiaires
affirmaient l'existence d'un droit maritime en
temps de guerre, et leur intention d'introduire, à
cet égard, des principes fixes dans les relations
internationales. Le septième article du traité de
Paris, du 30 mars 1856, admettait la Sublime-Porte
à participer aux avantages « du droit public et du
concert européen ». Et l'on pourrait citer beaucoup
d'autres déclarations publiques, qui prouvent que
l'existence et l'autorité d'un corps de règles, com-
posant la substance du Droit des Gens, sont généralement reconnues par les États souverains, d'un
bout à l'autre du monde.

Nous pouvons légitimement employer l'expression : d'un bout à l'autre du monde ; car, si le

Droit de⸗ Gens a d'abord été considéré comme n'existant que pour les nations chrétiennes, puis pour les nations européennes, et, plus tard, pour les nations d'origine européenne, il s'étend maintenant universellement à tous les États autonomes et vraiment indépendants, lesquels, unanimement, admettent qu'ils lui sont soumis. Les Conférences de La Haye, de 1899 et de 1907, ont mis officiellement le sceau de l'égalité sur toutes ces Puissances sans distinction, et ont confirmé que toutes elles étaient membres de la société des États. Les Puissances ont unanimement déclaré, dans des conventions officielles, leur intention d'établir par leur accord « les principes d'équité et de justice d'où dépendent la sécurité des États et la prospérité des peuples ».

Projet d'une codification du droit international.

Sans doute, la ⸗ termination précise de ce qu'est le droit international dans chaque cas donné serait beaucoup plus claire, si ce droit était formulé dans un code officiellement adopté. Mais il est faux que le droit international, comme on l'a soutenu, ne puï se vraiment avoir la prétention d'être un droit que le jour où il sera codifié en bonne forme.

Dans une réunion de l'Association britannique pour l'avancement de la science sociale, tenue à

Manchester en octobre 1866, David Dudley Field proposa de nommer un comité pour préparer le projet d'un code international. La proposition fut acceptée, et l'on élut un comité, composé de juristes de différentes nationalités; mais cette tentative n'aboutit pas. M. Field, pourtant, entreprit bravement de montrer ce qui pouvait être fait; et, en 1872, il publia un volume qui traitait le sujet tout entier et qu'il avait préparé sans aucun secours, sous le titre : *Draft Outlines of an International Code*. Antérieurement, en 1868, le professeur Bluntschli, de Heidelberg, avait aussi publié un ouvrage intitulé : *Modernes Vœlkerrecht der civilisierten Staaten als Rechtsbuch dargestellt*, qui a été traduit en français sous le titre de *Droit international codifié*. Et, en 1890, le jurisconsulte italien Fiore publia son : *Il Diretto internazionale codificato*. Aucune de ces publications ne fut acceptée officiellement; mais, le 10 octobre 1873, dans un Congrès de juristes qui se tint à Bruxelles, une société fut constituée en vue de la réforme et de la codification du Droit des Gens, et cette société devint, en 1895, l' « Association pour le Droit international ».

Bien que les résultats pratiques de ces efforts aient été assez insignifiants, un Institut de Droit international fut fondé à Gand, en 1873, pour être l'organe de l'opinion juridique du monde civilisé

16.

en ce qui concerne le droit international. Le but de cet Institut était d'éclaircir les idées à l'aide de ses rapports et de ses discussions, et de faire mieux comprendre dans quelle direction cette science était susceptible de se développer. La publication de plusieurs revues importantes, destinées au même but, a puissamment contribué à éclairer le public sur la nécessité de pousser le progrès dans cette direction.

Mais les juristes, dans l'ensemble, sont restés très réservés au sujet de l'utilité de cette codification. Quoique l'existence d'un code doive indubitablement offrir de grands avantages, beaucoup de personnes pensent qu'en fait elle arrêtera le développement organique du droit international en étouffant sa vie dans des formules imparfaites. D'autres craignent que cette tentative pour formuler des règles internationales n'ouvre la porte à des maximes non éprouvées et purement académiques, qui, s'y introduisant, ou ne seraient pas acceptées dans la pratique, ou, si elles étaient acceptées, retarderaient l'ensemble du mouvement tendant au règlement juridique des relations internationales. On a été jusqu'à nier que le droit international, sans codification, fût plus vague que ne l'a été souvent la loi municipale dans des pays qui sont arrivés à un haut degré de développement au point de vue juridique. Un homme d'une grande autorité, tel que le professeur Westlake, de l'Université de Cambridge, dit à cet égard : « Considérez, par exemple, les lois anglaises dans la période de Glanville et de Bracton, c'est-à-dire pendant les règnes de Henry II et de Henry III, où les vieilles coutumes locales, les nouveaux principes féodaux, avec les habitudes qui en résultaient, et une bonne part du droit romain, qui s'était introduite dans le pays peu de temps auparavant, s'étaient fondus ensemble de manière à former notre droit commun (common law). Cette fusion était l'œuvre de juges auxquels, jusqu'à Édouard Ier, la législation ne vint pas beaucoup en aide. Pendant que s'accomplissait cette évolution, il régnait quelque incertitude dans une grande partie du droit anglais, tout comme il arrive aujourd'hui dans une bonne part du droit international. Et, si nous ajoutons à cela la violence individuelle, qui dépassait en fréquence et en impunité la violence publique telle qu'elle s'est exercée parmi les États européens pendant le XIXe siècle, nous pouvons dire à bon droit que le droit international n'est pas moins certain et est mieux obéi que ne l'était le droit anglais avant la fin de l'évolution dont nous parlons »[1].

Le droit anglais n'a jamais été codifié, et

1. WESTLAKE, *Chapters on the Principles of International Law*, Cambridge, 1894, pp. 8 et 9.

cependant il a donné un système parfaitement clair et défini : « La cour du roi créa rapidement un corps de lois claires, consistantes et formulées. Le juge ambulant, quand il allait d'un comté à l'autre, portait avec lui le droit de la nation tout entière. De ces débuts sortit le droit commun (common law), œuvre d'un génie politique aussi élevé que celui qui créa la Constitution elle-même. Et ce droit règne aujourd'hui sur une superficie plus étendue que n'a jamais fait le droit romain »[1].

On a pensé pour un temps que les codes pourraient avoir pour effet pratique de diminuer le nombre des procès. Mais l'expérience prouve qu'il n'en est pas ainsi. Il reste toujours pour les tribunaux quelque chose à décider sur la question de savoir ce qu'est le droit. Et les Recueils des décisions des tribunaux français montrent qu'ils ont eu à intervenir sur un plus grand nombre de points litigieux que les tribunaux anglais, pendant la même période. Pourtant, si l'on pouvait arriver à s'entendre, un code général de droit international fournirait une base utile pour les jugements, et, tout au moins, répondrait à l'objection d'après laquelle cette branche du droit ne serait pas encore claire.

1. ADAMS, *The History of England* (1066-1216), Londres, 1905, p. 325.

Évolution contemporaine du droit international.

Tandis que les théoriciens discutaient pour
savoir quelle forme prendrait le droit international, la marche de l'évolution se poursuivait
tranquillement dans le monde officiel, et donnait
des résultats dignes de tous éloges. Certaines
règles spéciales du Droit des Gens ont été, en fait,
codifiées et frappées de l'estampille officielle; et
les conventions, pratiquement universelles, dont
elles ont été l'objet, assurent, sur toute l'étendue
du monde civilisé, non seulement le progrès, mais
l'uniformité, en tout ce qui concerne ces règles.
Prenez, par exemple, les conventions précises
adoptées par les Conférences de La Haye et ratifiées
par presque tous les gouvernements, conventions
qui se rapportent : à l'ouverture des hostilités;
aux lois et coutumes de la guerre sur terre; aux
droits et devoirs des Puissances et des personnes
neutres en cas de guerre sur terre; au régime des
navires de commerce ennemis au début des hostilités; à la transformation des navires de commerce e bâtiments de guerre; à la pose de
mines sous-marines automatiques de contact; au
bombardement par les forces navales en temps de
guerre; à l'adaptation à la guerre maritime des
principes de la Convention de Genève; aux droits

et devoirs des Puissances neutres pendant la guerre maritime. A ces conventions, on peut ajouter la déclaration relative à la guerre maritime, adoptée par la Conférence de Londres en 1909.

Il est vrai que lesdites conventions donnent surtout des règles concernant la guerre, mais il est déjà très significatif que l'on ait pu régler les conflits armés conformément à des principes légaux d'un caractère défini; et ces résultats font espérer qu'éventuellement les autres phases des relations internationales pourraient être étudiées en détail et réduites à leur expression concrète.

Nous n'apprécions peut-être pas à sa valeur l'application modeste, mais immédiatement utile, de certaines règles à une foule de relations internationales concernant notre vie de tous les jours en temps de paix. Cette application a été opérée d'un commun accord avec succès. Rien ne saurait mieux manifester l'unité essentielle de la civilisation que l'unanimité avec laquelle on a réalisé les entreprises dont nous parlons ici. Prenons, par exemple, l'Union postale universelle, instituée en 1878 par 30 États, après l'expérience heureuse faite par 21 d'entre eux quatre ans auparavant. Cette Union compte actuellement 60 membres, ce qui signifie qu'en réalité elle s'étend sur toute la surface du monde civilisé; elle tient un Congrès

tous les cinq ans et possède un office central permanent à Berne. Prenons l'Union télégraphique
universelle, établie en 1865, qui comprend
30 États et possède aussi un office central permanent. Prenons l'Union pour les transports par
chemins de fer, fondée en 1890, et à laquelle ont
adhéré les principaux États européens. Prenons
l'Union pour la protection de la propriété industrielle, établie en 1883; l'Union pour la protection
des œuvres littéraires et artistiques, formée en
1886; l'Union pour la publication des tarifs doua-
niers, 1890; et les efforts que l'on fait pour établir
des règles générales, en ce qui concerne les conflits de lois, c'est-à-dire un droit international
privé. Il faudrait ajouter les conventions faites en
vue d'assurer l'action commune dans les questions
sanitaires, en vue d'établir l'unité des poids et
mesures et l'unité monétaire, en vue de faire
disparaître les maladies des plantes, et en vue de
résoudre toute autre question présentant un intérêt
général.

Soumission de l'État au règne du droit.

Quand nous énumérons les progrès ainsi réalisés dans les relations internationales, il peut
sembler d'abord que l'idée d'un État universel,
conçue par Wolf, soit déjà tellement près d'être

réalisée qu'il soit impossible de douter encore de
son succès final, et qu'aucun des problèmes réels
qui concernent l'organisation du monde n'en soit
plus à attendre sa solution, sauf s'il s'agit de
questions de détail. Mais il serait imprudent de
nous faire illusion à cet égard. Dans les questions
que nous venons d'énumérer, il ne s'agit pas de
droits en conflit ou d'intérêts contradictoires. Ce
qu'il y a en nous d'humanité commune a fait
entendre un cri de protestation contre les cruautés et les barbaries de la guerre telle qu'elle
s'exerçait autrefois, et l'on a compris que c'était
l'avantage de tous d'adoucir les souffrances et de
diminuer le nombre des injustices que les anciennes pratiques habituelles de la guerre rendaient inévitables. La dignité de l'État, aussi bien
que la sympathie humaine, ont contribué à établir
cette conviction. Des communautés d'intérêts semblables entre eux ont amené la formation des
différentes Unions que nous venons de citer, destinées à travailler au bien général de l'humanité
dans ce temps de relations universelles.

Mais les intérêts internationaux peuvent aussi
être considérés sous un autre aspect. Il y a des
avantages économiques et politiques à sauvegarder,
et peut-être à acquérir, qui produisent des diver-
gences, voire même des conflits directs, touchant
ce que l'on considère comme des droits et des

intérêts. Dans ce domaine des relations et des
activités, il ne semble pas qu'il y ait toujours un
intérêt commun qui prédomine, et qui, par suite,
inspire la confiance mutuelle et le désir de travailler ensemble. Il est difficile d'introduire des
dispositions acceptées expressément ou tacitement
là où les droits et les intérêts publics sont en état
de conflit; et ce n'est que par une analyse minutieuse des éléments entrant dans ces droits et ces
intérêts que nous pouvons espérer assurer le triomphe définitif de la raison, triomphe qui consiste-
rait à comprendre qu'ici même, comme partout
ailleurs, les intérêts fondamentaux des peuples civilisés sont véritablement identiques.

Ce que, dès maintenant, nous pouvons peut-être
retenir de cet exposé, c'est l'assurance que la loi
juridique, composée de règles universelles devant
être rendues obligatoires entre les nations, non
seulement existe, mais est reconnue par tous, que
tous à l'occasion y font appel, et qu'elle acquerrait
une existence effective universelle, si l'on avait à sa
disposition, pour la faire respecter, des moyens
analogues à ceux qui existent dans un État particulier bien organisé.

Et, peut-être, une autre conclusion peut-elle être
tirée des idées que nous avons développées jusqu'ici, à savoir qu'il n'y a pas, dans la nature de
l'État moderne tel qu'il existe actuellement, d'obs-

tacle intrinsèque s'opposant à ce qu'il se sou-
mette franchement et complètement à une juridiction internationale. Il n'y a, pour un État, aucune
diminution et aucune atteinte à sa souveraineté,
quelque sens que l'on puisse loyalement donner à
ce mot, cet État fût-il le plus grand et le plus puissant du monde, à formuler, de concert avec d'autres
États, de justes règles d'action, auxquelles il con-
sent volontairement à donner force et effet de loi ;
ou à s'engager lui-même, en tant qu'incarnation du
droit, à respecter ces règles et à les observer dans
sa propre conduite. Il ne saurait, en réalité, mieux
justifier la légitime prétention qu'il a d'obtenir la
confiance et l'obéissance de ses propres sujets ou
citoyens. « Rien ne peut assurer à un gouvernement humain, et à l'autorité de la loi qu'il représente, un respect plus profond et un loyalisme plus
ferme, que le fait de voir des États souverains et
indépendants, chargés eux-mêmes de prescrire des
règles et de punir ceux qui y désobéissent, s'incliner
respectueusement devant l'auguste suprématie de
ces principes de justice qui sont l'éternel fondement
du droit » [1].

---

1. Instructions données à la Délégation des États-Unis lors
de la première conférence de La Haye.

CHAPITRE VI

L'ÉTAT COMME INSTRUMENT DE GARANTIES

Les garanties de l'équilibre international. — Imperfections
du système de l'équilibre. — Le principe de la fédération.
— Obstacles à une fédération générale. — Les limitations
de l'indépendance. — Intervention et surveillance internationales. — Le principe de la neutralisation. — Les relations juridiques entre États indépendants. — Comptabilité
de l'État moderne avec le système des garanties juridiques
internationales. — Limites et bases des garanties internationales.

En supposant qu'il existe un corps de droit
international positif, que les nations civilisées considèrent généralement ce droit comme les obligeant,
et qu'elles consentent à se le voir imposer par la
force, qu'arrivera-t-il si, pour des raisons qui lui
sont propres, un gouvernement particulier refuse
d'obéir aux exigences de ce droit?

A moins que l'on ne prenne d'autres arrangements que ceux qui existent aujourd'hui, il est
évident qu'un État qui se trouve lésé par la violation du droit international, n'a d'autre recours

que l'appel à la force armée ; mais s'il se trouve, comme il arrive souvent, que l'État lésé soit plus faible que son agresseur, il n'a aucun moyen d'imposer le respect du droit par la force, et doit subir l'injustice qui lui est faite.

Dans ces conditions, la société des États, composée de membres qui se proposent d'assurer le respect de justes lois, présente cette anomalie, qu'elle est un système de relations où le droit et la justice n'ont pas à leur disposition des moyens de sécurité organisés.

Afin de se protéger eux-mêmes contre une agression violente, et de s'assurer les avantages de la paix en même temps que celui d'être traités avec justice par leurs voisins, les États souverains, n'ayant pas de supérieur auquel ils puissent demander sa protection, ont pris l'habitude de s'unir pour leur défense commune, en signant des traités d'alliance. Ces traités ont été parfois, et même souvent, de nature à exciter l'inquiétude générale ; car ils ont créé des combinaisons de forces si puissantes, qu'elles étaient comme une menace continuelle à l'égard des États étrangers à la combinaison. Dans les premiers temps, il était d'usage de former de telles combinaisons dans un but offensif aussi bien que dans un but défensif ; et, en de tels cas, l'inquiétude étant accrue par l'idée de clauses secrètes, réelles ou imaginaires, existant dans ces traités d'alliance, il se formait nécessairement des contre-alliances. Ainsi naissait une situation grosse de menaces, et se développait cet état de crainte et de défiance qui, pendant longtemps, a caractérisé les relations internationales.

Les garanties de l'équilibre international.

Lorsque de tels accords devinrent habituels, on s'aperçut bientôt que l'on pouvait obtenir un certain degré de sécurité en balançant les combinaisons entre elles, de manière à maintenir ce que l'on a appelé l'équilibre européen [1], idée que l'on étend aujourd'hui à ce que l'on pourrait appeler l'équilibre international, puisqu'il existe des Puissances importantes en dehors de l'Europe.

C'est le moyen le plus ancien dont on ait fait usage pour garantir la paix et le respect de la justice, mais l'expérience a montré que c'était un très mauvais moyen. Cette méthode a été une cause puissante de désordres internationaux, en partie parce que cet équilibre fut extrèmement instable,

---

1. Les résultats des efforts faits pour maintenir cet équilibre sont mentionnés par DONNADIEU, *Essai sur la théorie de l'équilibre*, Paris, 1900; et Dupuis, *Le Principe de l'équilibre et le Concert européen*, Paris, 1909. L'influence qu'a eue cette idée sur le droit international est discutée par KAEBER, *Die Idee des europaeischen Gleichgewichts*, Berlin, 1907, pp. 143-156, qui conclut : « dass sie gerade das erreiche, was sie vermeiden wolle, ewigen Krieg und Blutvergiessen ».

mais principalement parce qu'il est fondé sur
l'idée d'hostilité et non sur l'idée de concorde,
comme exprimant l'état normal des choses. Le
postulat est que la société des États, prise dans
son ensemble, ne peut pas se mettre d'accord pour
vivre dans des termes de paix et de justice, et que
l'on ne peut arriver à obtenir la sécurité qu'en
établissant l'équilibre entre un groupe d'États et un
autre groupe d'États, de manière que la force de
l'un soit tenue en échec par la force de l'autre.
D'après cette théorie, c'est la perfection de cette
balance physique de forces qui, seule, pourra
garantir effectivement le maintien de la paix et le
respect constant de la justice internationale.

On ferait preuve d'une singulière ignorance de
l'histoire si l'on refusait de reconnaître qu'en dépit
de ses fréquents insuccès et de l'impulsion fâcheuse
qu'il a donnée à l'accroissement des armements,
le principe de l'équilibre a produit d'heureux résultats.

C'est lui seul, peut-être, qui a sauvé la vie à ces
cités italiennes, par lesquelles il fut d'abord pratiqué pendant les temps modernes; car ces cités
étaient en proie à des animosités âpres, violentes
et perpétuelles. Lorsque l'Europe fut menacée de
la domination de l'impérialisme, les petits États ne
purent trouver le salut que dans des combinaisons
d'alliances, d'abord contre la maison d'Autriche,

ensuite contre les Bourbons; et le principe de
l'équilibre est resté au nombre des traditions des
hommes d'État européens. La Hollande ne main-
tint son existence qu'en y faisant appel; et l'Angleterre, à partir du temps du cardinal Wolsey, a pro-
fité d'un fléchissement des forces continentales
pour fonder un Empire d'outre-mer.

Il peut être vrai qu'aujourd'hui la triple alliance
soit contre-balancée, théoriquement au moins, par
la double alliance, et que les États plus petits considèrent comme un avantage de pouvoir, en cas de
besoin, faire appel tantôt à l'une, tantôt à l'autre.
Mais le caractère transitoire des alliances politiques,
la crainte qu'elles ne viennent à se briser en quelque
occasion critique, les efforts faits pour les maintenir
et les fortifier, les efforts faits, d'autre part, pour
les miner et les détruire, leurs transformations
soudaines et leurs écroulements, toutes ces vicissi-
tudes peuvent, sans doute, fournir des chapitres
intéressants à l'histoire de la diplomatie; mais, d'un
autre côté, elles apportent des heures de terrible
anxiété à ceux qui savent que leur vie en dépend.

Imperfections du système de l'équilibre.

Il est évident qu'à deux points de vue importants
le système de l'équilibre des forces reste très au-
dessous des besoins de l'État moderne, spéciale-

ment quand il s'agit d'un État conscient de son caractère juridique.

1° C'est une conception purement mécanique, qui ne tient pas sa valeur d'une qualité morale quelconque, mais de la résultante de forces données. Tant que ce système est en vigueur, on n'est préoccupé que d'augmenter ses forces. Il implique des armements toujours plus considérables, car sa valeur dépend de la force des armements, et, là où il n'y aurait pas d'armements, il serait inutile. C'est ce que ses avocats eux-mêmes avouent franchement. Ainsi, dans un livre récent sur la politique internationale de l'Angleterre, M. Lémonon, après avoir pesé minutieusement les forces favorables et les forces défavorables à la France, apprécie en ces termes l'utilité d'une entente avec l'Angleterre : « Avant qu'une alliance anglo-française pût être conclue, il serait nécessaire que l'Angleterre refît son armée de terre, et que celle-ci devînt suffisamment forte pour pouvoir, avec succès, être utilisée en France[1]. » S'il en était ainsi, dit-il, il ne saurait y avoir aucune objection contre une alliance écrite avec l'Angleterre.

2° Le système des alliances fonde l'amitié, principalement, sur la crainte commune de la guerre. C'est une faible base, et cela pour deux raisons :

1. LÉMONON, *l'Europe et la politique britannique*, Paris, 1910, pp. 529 et 530.

d'abord ce système fait qu'il est de l'intérêt du
plus faible des alliés d'entretenir chez l'autre cette
crainte de la guerre, ou peut-être la guerre elle-
même, puisque celle-ci est le principal motif de
leur association ; ensuite, cette alliance est constamment exposée à être minée par le côté adverse,
qui cherche à introduire le soupçon entre les alliés,
et les engage en secret à abandonner l'alliance.
L'histoire de l'Europe nous montre comment les
mutations entre les groupes ainsi formés pour le
maintien de l'équilibre, souvent même au prix de
grands sacrifices, ressemblent aux changements
d'un kaléidoscope.

Il est évident, après une analyse serrée, que
l'effort fait pour équilibrer des forces n'est en
aucune façon une garantie de justice, soit entre
les masses qui se font équilibre, prises dans leur
ensemble, soit entre les parties dont elles sont
composées. On n'a jamais pu être sûr que ces
masses, si elles étaient amenées à entrer en conflit,
adopteraient, des deux côtés, quelque principe de
justice comme règle de leur action. Elles se sont
entièrement appuyées sur leurs calculs, en théorie comme en pratique, pour juger de la suffi-
sance de leurs forces, et elles ont cherché, de
part et d'autre, à devenir prépondérantes. De plus,
comme corollaire de l'idée de l'équilibre, s'est
créée la doctrine pernicieuse des compensations.

Quand un côté de la balance semble avoir acquis
un poids nouveau, l'autre côté a souvent réclamé
le droit de s'adjoindre un territoire neutre, afin de
compenser l'avantage obtenu par son adversaire.
Comme, pour que l'équilibre se maintienne, les
acquisitions doivent être égales, chaque accroissement de force acquis d'un côté a semblé autoriser l'autre côté à acquérir un accroissement
correspondant ; et ces revendications se sont généralement exercées aux dépens de peuples innocents
et sans défense. Pour que ce procédé pût être
appliqué avec un semblant d'équité, la fertilité du
sol, le chiffre de la population et la valeur stratégique du territoire nouvellement acquis ont été pris
en considération ; ainsi s'est compliqué indéfiniment le problème de l'équilibre, et ainsi se sont
élevées des contre-réclamations sans fin, sous le
couvert de la nécessité. De telle sorte que tout
principe de justice a été méconnu à mainte reprise,
jusqu'au jour où, au nom d'un système absolument
mécanique et uniquement fondé sur la force, toutes
les frontières naturelles furent méconnues, les
nationalités démembrées, des nations entières effa-
cées de la carte, et de lointains continents lotis et
partagés, à l'aide d'une expropriation barbare ou
d'une transaction complaisante.

Il ne serait pas juste de jeter le blâme sur une
nation particulière, en la rendant responsable de

ces résultats, avant d'avoir examiné avec soin les
conditions dans lesquelles ceux-ci se sont produits.
Ceci, à la vérité, est en dehors de notre programme
actuel. Il est clair, toutefois, pouvons-nous dire,
que le système de l'équilibre, si nécessaire qu'il
ait pu paraître à certains moments déterminés,
n'exprime pas le véritable caractère de l'État,
et ne doit pas être recommandé comme une garantie
de la justice internationale, qu'il méprise si ouvertement.

Le principe de la fédération.

Il est un autre principe, qui paraît analogue à
celui-là si on le considère superficiellement, mais
qui en est très éloigné quant à l'esprit et quant au
but : c'est le principe de la fédération. Les ressem-
blances entre les deux systèmes sont purement
extérieures. L'un et l'autre sont des tentatives
faites pour augmenter la sécurité au moyen de
l'association, et pour créer une masse puissante
de résistance, capable, grâce à sa force toujours
croissante, de parer aux attaques du dehors et
d'assurer la paix et la sécurité aux membres qui la
composent. Mais ici s'arrête la ressemblance.

Tandis que le système de l'équilibre suppose la
guerre, le système de la fédération suppose la
concorde. Le premier est avant tout un expédient

destiné à rendre nos ennemis incapables de nous nuire, et ce résultat marque le terme de l'accord; le dernier reconnaît une communauté d'intérêts beaucoup plus profonde et d'une portée beaucoup plus grande, et il étend les fonctions juridiques de l'État en élargissant son champ d'action. L'un est négatif et passif dans ses visées, l'autre est constructif et actif.

Le premier grand exemple des bienfaits de la fédération, dans les temps modernes, est fourni par les États-Unis d'Amérique. Si les treize colonies du début étaient restées avec ténacité asservies à leur souveraineté locale, qu'elles n'abandonnèrent pas, d'ailleurs, sans hésitation, il en serait résulté une situation dans laquelle les intérêts en conflit auraient produit des guerres répétées; ou bien les États auraient été réduits à cet expédient, de conclure des alliances les uns avec les autres, et même avec des Puissances étrangères, pour éviter ces guerres. Si le triomphe de la Confédération du Sud avait entraîné la rupture de l'Union, il est certain que les Puissances étrangères se seraient ingérées dans cette lutte entre le Nord et le Sud pour l'hégémonie, et que le Nord et le Sud auraient fini par être soumis, l'un et l'autre, à des influences étrangères. Il est facile d'imaginer combien alors la situation des États de l'Union eût été différente et moins heureuse.

A la vérité, peu de temps après la guerre de l'Indépendance, au cours de ce que l'on a appelé la période critique, la perspective d'une nation unie apparaissait comme bien vague aux observateurs. « Les Américains, dit un écrivain anglais du temps, ne pourront jamais s'unir de manière à former un Empire compact, sous aucune espèce de gouvernement : éternellement désunis, soupçonneux et défiants les uns à l'égard des autres, ils resteront divisés et subdivisés en petites républiques et principautés, conformément à leurs frontières naturelles, par les grandes baies de l'Océan et par les grandes rivières, les lacs et les chaînes de montagnes. »

Le second grand exemple de fédération est le présent Empire allemand. Depuis le Moyen Age, l'Allemagne, comme l'Italie, n'avait guère été qu'une expression géographique, et les parties qui composent aujourd'hui l'Empire allemand avaient été dans un état continuel d'hostilité les unes avec les autres. Depuis la fin de la prédominance de la maison d'Autriche, à la paix de Westphalie, quelque chose comme 300 Puissances souveraines, grandes et petites, ont vécu dans des sentiments réciproques de jalousie plus ou moins dissimulée et d'inimitié. Elles furent, la plupart du temps, placées sous la prétendue protection d'alliances étrangères, jusqu'au jour où Napoléon en réduisit considérablement le nombre, soit en les absorbant, soit en les amalgamant, et où, notamment, il en groupa un grand nombre sous son protectorat dans la Confédération du Rhin. Les efforts pour unifier l'Allemagne du Nord sous l'hégémonie de la Prusse aboutirent finalement à l'établissement de l'Empire actuel, dans lequel les États du Sud furent amenés à trouver place.

Sous une forme différente, l'Italie fournit également, par son unification, un exemple des grands avantages qu'il y a pour une nation à se consolider politiquement, et à s'assurer des garanties constitutionnelles englobant un grand territoire là où, auparavant, des Puissances ennemies étaient toujours en lutte, en échange de cet équilibre instable où elle avait trouvé jusque-là la seule sécurité approximative à laquelle elle pût atteindre.

Que ce soit sous forme de fédération ou sous forme de consolidation, le progrès des pouvoirs de l'État en tant qu'entité juridique a influé sur tout le développement de la civilisation. Au temps de la féodalité, on ne pouvait voyager sans escorte armée. C'est l'accroissement du pouvoir du roi qui a débarrassé les grandes routes royales des bandits et des voleurs; ce sont les tribunaux du roi qui ont réprimé les abus des petits tyrans locaux; c'est la création des flottes nationales qui a délivré la mer des pirates. Mais ces succès sont insignifiants

si on les compare à ceux que remportent les États
constitutionnels modernes, c'est-à-dire les États
fondés sur des garanties qui tiennent en respect
l'absolutisme aussi bien que l'anarchie.

Si nous considérons ce que le principe de la
fédération a fait pour les États-Unis et pour l'Allemagne, en étendant les relations juridiques à ces
grands agrégats de population, qui, tous, vivent
sous un même système de lois et sont autorisés à
soumettre leurs droits au jugement d'une cour
fédérale, nous sommes amenés à penser que c'est
là l'image de ce que le monde entier devrait devenir. Il peut même sembler que ce soit la fin ultime
de l'effort de l'homme, en tant qu'il vise l'organisation politique parfaite et l'universel triomphe de
la conception juridique de l'État.

Obstacles à une fédération générale.

Il y a cependant beaucoup de circonstances qui
font apparaître comme très éloignée, et peut-être
pour toujours impossible, la réalisation d'une
fédération du monde entier. L'inégalité de développement politique et d'aptitudes des différentes
nations et tribus, dont quelques-unes n'ont encore
aucune espèce d'organisation juridique et semblent
incapables de s'en créer et de s'en appliquer une,
rend impossible la soumission de l'humanité tout

entière à un règlement uniforme. Et, même parmi
les membres reconnus de la société des nations,
qui devraient entrer dans une association universelle, il y a des idiosyncrasies et des antipathies de
traditions, de conditions et de vues qu'il est impossible de faire disparaître.

Mais, en dehors de ces obstacles, qui s'opposent
à une application universelle, ou même à une
application plus étendue que celle qu'on a réalisée
jusqu'ici, du principe de la fédération, il y a des
considérations d'une grande importance qu'il est
impossible de passer sous silence. L'indépendance
des nations est souvent nécessaire à la conservation
et au développement de fins idéales qui ne sont
pas seulement chères aux gens qui s'y dévouent,
mais précieuses à la civilisation tout entière.
La fusion de certaines populations, qui passent
pour des modèles de culture, dans la masse générale d'une nationalité artificiellement agrandie,
entraînerait l'abandon de bien des choses qui sont
trop précieuses pour être perdues. On ne peut
mélanger différents types de civilisation sans qu'il
y ait un abaissement en même temps qu'une élé-
vation de niveau; et ceci est particulièrement vrai
d'une Confédération où les principes moraux, religieux et sociaux doivent s'adapter à une nouvelle
moyenne d'opinion générale et se conformer à des
lois uniformes. On ne saurait, par conséquent,

s'attendre à voir de petits États, qui attachent une grande importance au droit de fixer eux-mêmes leur propre destinée, disposés à se laisser absorber par de plus grands, exerçant une influence prépondérante sur les mœurs, les tendances et la législation. Ils peuvent considérer, avec raison, que l'indépendance est nécessaire au développement multiple des idées et des caractères qui donne au monde une telle richesse de manifestations. Sans aucun doute, la disparition complète de la nationalité impliquerait des pertes immenses pour l'humanité. La fidélité à son idéal, à ses croyances et à ses traditions est d'une importance aussi essentielle pour les communautés politiques que pour les individus. Ce sont ces fins élevées qui font prendre à l'histoire son élan vers le progrès, c'est dans leur poursuite que l'histoire trouve son unité. La continuité de nos relations avec le passé est tout aussi importante que toutes les relations qui nous rattachent au présent. On ne saurait raisonnablement s'attendre à voir les hommes et les communautés mépriser ces liens qui donnent à la vie sa sainteté la plus haute, et on ne saurait effacer les souvenirs qui sont la source de ses plus nobles inspirations.

Les limitations de l'indépendance.

Il y a souvent, sans doute, dans l'attachement tenace à l'indépendance, une large part de sentiment. Bien que le sentiment puisse et doive être respecté en tant que facteur utile du progrès, il faut admettre que c'est une base bien peu solide et bien peu sûre, lorsqu'il s'agit d'y appuyer une communauté politique. La soif de l'indépendance existe parfois là où elle n'a aucun droit d'être satisfaite, vu qu'elle aboutirait à la formation de Puissances nominalement souveraines, qui seraient incapables de porter les responsabilités et d'accepter les devoirs d'un État civilisé.

Il n'est pas raisonnable de soutenir que tout groupe d'êtres humains, souhaitant de former une communauté politique distincte, ait reçu de la nature le droit de le faire. Dans la dernière partie du XVIII⁰ et dans la première partie du XIX⁰ siècles, on accordait une forte sympathie aux idées d'indépendance, pour cette raison que beaucoup de peuples, doués d'un caractère particulier et de la capacité de se gouverner eux-mêmes, souffraient sous un joug qui leur était imposé arbitrairement. Mais l'expérience a prouvé que l'indépendance, sans la capacité de se gouverner soi-même, non seulement n'est pas un bienfait pour ceux qui la possèdent, mais encore met en danger les droits dans leur ensemble, au cas où le pouvoir se trouverait entre les mains de gouvernements incompétents et irresponsables. Il est facile de dire que les peuples sont tous également libres de choisir leur propre gouvernement, et que la question de savoir s'ils ont ou non un gouvernement compétent et responsable ne regarde qu'eux; mais un tel dogme méconnait les droits des peuples voisins et de la société des États dans son ensemble, dont la paix est souvent menacée par l'anarchie constante ou intermittente des États qui ne reposent pas sur des principes juridiques ou ne sont pas conduits en harmonie avec ces principes.

On peut également invoquer, contre le côté sentimental du besoin d'indépendance, le fait de l'interdépendance existant actuellement entre certaines communautés politiques. A partir du moment où celles-ci entrent en relation juridique les unes avec les autres, se développe un grand corps de droits et d'obligations mutuels qui doivent être sauvegardés. Les nations civilisées ne peuvent tolérer que des actes de barbarie soient commis chez leurs voisins immédiats, non plus que les individus vivant en communauté ne pourraient tolérer un crime de la part d'autres individus appartenant à la même communauté. De là résultent des droits de surveillance, d'intervention et de réforme obligatoire, droits qui, lorsqu'on les examine de près, apparaissent plutôt comme étant de la nature des devoirs publics.

Intervention et surveillance internationales.

C'est pour remplir ce genre de devoirs qu'a été fondé ce qu'on a appelé le Concert européen, sorte de syndicat des grandes Puissances, destiné à travailler, au moins en théorie, au rétablissement de l'ordre dans les États moins bien organisés et moins civilisés, dont la conduite deviendrait intolérable. Mais, malheureusement, ce concert a été si souvent occupé à régler les conflits qui s'élevaient entre les intérêts nationaux, que les réformes qu'il se proposait d'accomplir ont échoué dans une forte mesure. Plus récemment, les États-Unis, dans l'intérêt de la tranquillité, pour le bien de l'humanité et sans souhaiter en aucune façon d'agrandir leur territoire, bien que leurs intentions philanthropiques n'aient pas toujours été comprises par les autres, ont, par deux fois, occupé et essayé de régénérer Cuba; et ils sont en train de maintenir l'ordre dans les Philippines.

Il n'est pas douteux que ces mesures de surveillance ne garantissent jusqu'à un certain point le respect des principes juridiques dans les parties du monde qui ne sont pas soumises au règne de la

justice comme opposé au règne de la force. En
tant qu'elles respectent le haut sentiment du
devoir qui les justifie, elles doivent être recom-
mandées et rangées au nombre des obligations qui
incombent aux frères aînés de la famille humaine.
Mais il importe qu'ici encore on puisse fournir des
garanties internationales. Pour prouver qu'on a
des intentions altruistes, les meilleures garanties
sont : la porte ouverte au commerce, l'égalité des
droits de toutes les nations dans le domaine des
entreprises commerciales, et ce fait, que chaque
État protecteur ne prélève sur les habitants du
pays protégé que tout juste les sommes nécessaires
à son administration.

Par cette méthode, toutes ces parties du monde,
qui, autrement, seraient aisément le théâtre de
conflits entre des intérêts nationaux, et même de
luttes à main armée, peuvent être tenues hors de
l'arène des compétitions et placées sous la juste
surveillance d'une police éducatrice, et cela pour
le bien de leurs habitants et de l'humanité tout
entière.

Le principe de la neutralisation.

Tous les États indépendants qui ont prouvé
qu'ils étaient capables d'avoir un gouvernement
responsable possèdent, en qualité de membres de

la société des États, des droits également absolus,
quels que soient l'étendue de leur territoire et le
chiffre de leur population. Quelques-uns d'entre
eux peuvent cependant, au point de vue matériel,
réclamer des garanties spéciales pour les droits
qu'ils seraient incapables de défendre contre
l'agression étrangère, s'il n'y étaient aidés. Cette
nécessité a été reconnue dans certains cas, et on
y satisfait au moyen de la neutralisation. Ce
mot signifie que certains États ont été déclarés
neutres dans les conflits qui pourraient s'élever
entre leurs plus puissants voisins, et que leur
indépendance a été placée, par des accords spéciaux, sous la protection collective de ceux qui la
garantissaient.

C'est ainsi que la Suisse, depuis 1815, la Belgique
depuis 1831, et le Luxembourg depuis 1867, tout
en conservant leur indépendance politique, laquelle
est garantie par les grandes Puissances, ont été
neutralisés pour toujours par des traités. En même
temps que ces arrangements les préservent de voir
leurs territoires devenir le théâtre des hostilités, ces
États conservent le droit de se défendre eux-mêmes,
et même ils ont le devoir de défendre leur neutralité autant qu'ils le peuvent; mais comme ils ont
l'assurance qu'ils seraient, en ce cas, aidés par les
Puissances, il est peu probable que leur neutralité
puisse jamais être violée. Durant toute la période

qui s'est écoulée depuis la neutralisation des pays
que nous venons de citer, leur droit de neutralité
n'a cessé d'être respecté [1].

Par la neutralisation de ces pays, les Puissances
limitrophes ont volontairement renoncé à un avantage sensible, en cas de guerre; car, si cette restriction n'existait pas, l'État limitrophe qui aurait
le premier mobilisé ses forces et qui aurait pris
possession du territoire voisin, pourrait arriver de
la sorte à protéger ses propres frontières contre
l'invasion et à obtenir une supériorité stratégique
très considérable. Il est évident, d'autre part, que,
si c'est surtout la défense que l'on a en vue, on
doit convenir qu'elle se trouve grandement favorisée par l'établissement d'une telle barrière
morale; car la neutralisation, non seulement limite
le champ des hostilités, mais encore diminue le
nombre des passages par lesquels l'invasion peut
légalement s'effectuer. Il n'est pas douteux que,
dans tous les cas où la neutralisation a été appliquée, cet arrangement ne se soit manifesté comme
sage et utile à toutes les Puissances intéressées.

La mesure dans laquelle le principe de la neutralisation est susceptible d'être généralisé est
cependant une question qui reste ouverte à la discussion. Il semble, tout d'abord, que ce principe

1. Pour les traités de neutralisation et leur commentaire,
voyez WICKER, *Neutralization*, Londres et New-York, 1911.

puisse être largement appliqué; et que, par une
neutralisation générale, on puisse arriver à éviter
complètement la guerre, puisque ainsi les grands
États militaires se trouveraient réduits à rester
enclavés dans des territoires neutres qui les entou-
reraient de tous côtés et les empêcheraient de
s'attaquer les uns les autres.

Il faut pourtant se rappeler qu'aucune neutralisation ne peut être effective si elle n'est garantie
par les principales Puissances militaires, et que
ces dernières ne consentiraient jamais à se laisser
enfermer dans des barrières morales au point
d'être empêchées d'agir en cas de nécessité.

C'est surtout, par conséquent, à certains petits
États, incapables d'exercer une grande influence
sur la politique internationale en général, et aux
territoires exposés à devenir un sujet de rivalité
dans le mouvement de l'expansion coloniale, que
le principe de la neutralisation peut être appliqué
avec le plus d'avantage. Ce principe semble particulièrement approprié aux républiques qui pourront se former dans l'avenir sous l'influence civili-
satrice de leurs protecteurs actuels, lorsqu'elles
seront devenues capables de se gouverner elles-
mêmes et n'auront plus besoin d'être traitées
comme des mineures, bien que, cependant, elles
soient encore incapables de défendre leurs propres
frontières sans avoir recours à une aide trop consi-

dérable pour qu'une seule nation puisse continuer à la leur fournir.

Mais la question essentielle est celle-ci : quelles garanties les grands États nationaux pourront-ils s'accorder mutuellement, quant à la protection de leurs droits respectifs? Ils sont, sans doute, capables de se défendre avec leurs propres forces et de veiller à ce que leurs droits soient respectés ; mais, tant qu'ils ne pourront appuyer le respect de leurs droits que sur la force armée, il est peu vraisemblable qu'ils parviennent à éviter de se faire la guerre ; et cette épreuve des armes, n'étant qu'une question de force et non de justice, ne saurait donner une entière satisfaction à la conscience juridique des nations civilisées.

Les relations juridiques entre États indépendants.

Si, par suite, il doit jamais y avoir une organisation du monde fondée sur des principes juridiques, les grandes Puissances, elles aussi, devront arriver à déterminer clairement leurs droits respectifs, et trouver le moyen de défendre ces droits par un autre procédé que l'appel aux armes.

Ce n'est pas la première fois que l'on se propose d'échanger à ce sujet des garanties, reposant sur des principes bien définis. Lorsque les grandes Puissances, qui s'étaient coalisées pour renverser

les ambitions impériales de Napoléon Ier, virent
leurs efforts couronnés de succès par la chute de
l'empereur, elles considérèrent que la chose la plus
importante était de prévenir le retour d'un danger
qui avait menacé la paix de l'Europe. A cette fin, le
Congrès de Vienne, qui dura du 1er novembre 1814
au 9 juin 1815, entreprit d'établir un règlement
territorial, qui, espérait-on, devait assurer la
stabilité future des relations internationales. Malheureusement, dans cet arrangement, on n'avait
tenu compte, ni du principe des nationalités, ni
des droits des populations; et il fallut chercher
de nouvelles armes pour lutter contre la révolution.
Le tempérament religieux de l'empereur de Russie,
Alexandre Ier, influencé par le mysticisme évangé-
lique de Mme de Krüdener, l'amena à proposer la
Sainte-Alliance du 26 septembre 1815, par laquelle
on décidait que la force armée de l'Europe devait
s'unir pour le maintien de la paix, en donnant pour
base à son action la doctrine du Christ.

Quelque noble qu'ait été l'intention de ce traité,
il ne fut point possible à l'Europe, dans ce temps
où les nations devenaient conscientes d'elles-mêmes
et découvraient que leurs droits avaient été mé-
connus, d'accepter de bonne grâce l'ordre de re-
mettre ses destinées aux mains d'un petit groupe
de monarques unis pour la défense de la politique
réactionnaire. La *Sainte-Alliance* eût totalement

échoué, si elle n'avait été servie par un renouvellement des engagements les plus spécifiques du traité
de Chaumont (1er mars 1814), qui avait réussi à
unir la Grande-Bretagne, l'Autriche, la Russie et
la Prusse dans la lutte contre Napoléon. Il fut
entendu que les Puissances se réuniraient à dates
fixes et prendraient des mesures en commun pour
assurer la prospérité et le repos aux nations et la
paix à l'Europe (20 novembre 1815)[1].

Mais, dans ce traité, on ne prenait aucune mesure
pour assurer une action harmonieuse touchant les
aspirations constitutionnelles des peuples, lesquels
se montraient décidés à jouir des avantages du
droit et de la liberté, accordés par l'État moderne.
Il devint visible, d'autre part, qu'on s'était proposé de placer l'objet essentiel de la coalition dans
l'opposition au mouvement constitutionnel, et d'en
faire un instrument tout-puissant de coercition réactionnaire. C'est pourquoi la *Sainte-Alliance* ne put
se maintenir; et le syndicat des grandes Puissances qui l'avaient formée fut impuissant, en
dépit de l'activité de Metternich qui prétendait
dicter aux Alliés leur politique, à repousser la
marée montante du constitutionnalisme.

Les efforts faits pour assurer la paix de l'Europe

1. On trouve le texte des traités cités ici dans DE MARTENS,
Nouveau Recueil; et OUROUSSOW, *Résumé historique des principaux traités de Paix*, Évreux, 1884.

par l'action collective des grandes Puissances aboutirent à un échec; non pourtant que l'unité d'action fût intrinsèquement impossible, mais parce
que, dans le cas dont il s'agit, elle avait pour but
d'entraver la marche irrésistible par laquelle l'État
moderne se réalisait de lui-même. Il ne serait donc
pas juste d'en conclure que l'action collective
aurait à faire face à des obstacles insurmontables,
le jour où, au contraire, elle viendrait hâter la
marche normale du progrès. La *Sainte-Alliance*
s'attribuait une mission qui n'avait rien de saint,
quand elle voulait arrêter le progrès juridique à
l'aide de la force armée. Ce serait une entreprise
toute différente, que celle par laquelle les États
modernes tenteraient, en se donnant des garanties
mutuelles, de consolider les relations juridiques
internationales que tous reconnaissent et affirment,
et, par ce moyen, de substituer la sécurité du droit
aux hasards et aux menaces de la force physique.

Compatibilité de l'État moderne avec le système des garanties juridiques internationales.

Il n'est pas contraire à la nature et au caractère
de l'État moderne de fournir des garanties de sa
propre conduite, puisqu'en fait il est lui-même
fondé sur des garanties. En cela, il diffère grandement de l'État ancien, dont l'absolutisme était le

caractère essentiel. Les luttes qui ont été livrées
en faveur du constitutionnalisme ont établi le droit
qu'ont les peuples de rendre leurs gouvernements
responsables envers eux ; et ce principe, aujour-
d'hui, l'emporte, en fait, universellement. On ne
considère plus comme contraire à la dignité d'un
gouvernement d'accepter la restriction qu'entraînent les garanties constitutionnelles ; et de telles
garanties sont maintenant exigées, et accordées
en principe, dans toute communauté civilisée.

Les chefs d'État modernes les plus considérables
et les plus puissants, de quelque nom qu'on les
désigne, reconnaissent que l'État est l'incarnation
du droit, et que la place qu'ils occupent eux-mêmes
dans l'État est déterminée et assurée par le droit.
Ainsi donc, quelle que soit la forme du gouvernement, celui-ci possède une garantie légale d'où
dépend son droit à l'existence.

Ces garanties, qui existent à l'intérieur de l'État,
consistent dans la reconnaissance de certains droits
primordiaux inhérents à ses membres, et dans une
division des pouvoirs assez précise et délimitée
pour assurer à chaque individu les bénéfices de la
justice légale. Ces garanties ne perdent rien de
leur valeur et de leur efficacité par ce fait qu'elles
ont été accordées volontairement ; et il résulte du
caractère de l'État moderne qu'elles ne peuvent
pas être légitimement retirées.

19.

Il est évident, par conséquent, que l'État moderne est particulièrement approprié à des relations juridiques reposant sur des garanties mutuelles échangées avec d'autres États également modernes. Mais les garanties internationales, dont nous nous occupons ici particulièrement, ont bien plus d'influence sur la prospérité des nations que celles qui limitent les pouvoirs politiques à l'intérieur de l'État ; car l'existence de l'État, lequel, sans cette sorte de garanties, serait exposé aux hasards de l'invasion et de la conquête, peut dépendre de leur efficacité. Sous une forme ou sous une autre, ainsi que nous l'avons vu, les garanties internationales ont été reconnues comme nécessaires par toute espèce de gouvernement ; et, de manière plus ou moins rudimentaire, on les avait poursuivies et réalisées, longtemps avant que les Constitutions modernes eussent été formées, ou seulement rêvées par les nations modernes. On ne saurait donc voir un empiétement présomptueux sur l'autonomie et l'indépendance de l'État dans ce fait que l'on cherche des garanties plus en harmonie avec le caractère juridique de l'âge présent.

S'il est vrai que tous les gouvernements civilisés professent que nul d'entre eux ne peut légitimement entreprendre une expédition pour une fin de spoliation ; si les énormes armements actuels, sur terre et sur mer, ne sont réellement pas destinés à l'offensive, mais uniquement à la défensive, on ne voit pas pourquoi il serait impossible aux États modernes, ou à ceux d'entre eux qu'on en jugerait capables, d'entrer dans des arrangements qui feraient disparaître toute chance de collision armée entre eux.

Limites et bases des garanties internationales.

On peut dire, en toute vérité, qu'aucun gouvernement ne possède le droit d'ignorer l'existence de l'État, de trahir ses droits propres, ni de mettre son existence en péril par le sacrifice de ses prérogatives essentielles. Il ne peut donc donner à aucun autre État, non plus qu'à un pouvoir quelconque placé au-dessus de l'État, des garanties qui impliqueraient, pour celui-ci, son immolation ou la perte de son indépendance. C'est là pourtant, précisément, ce qu'avait eu en vue la *Sainte-Alliance*. D'après ses clauses, « la seule obligation mutuelle qui lie les gouvernements ou leurs sujets, est celle de se rendre service les uns aux autres; de se témoigner réciproquement, par une bienveillance constante, l'affection mutuelle qui doit les animer; de se considérer comme les membres d'une même nation chrétienne; les trois princes ne se regardent que comme des délégués de la Providence, chargés du gouvernement des trois

branches de la même famille, affirmant ainsi que
la nation chrétienne, dont eux et leurs peuples font
partie, n'a vraiment d'autre souverain que Celui
qui possède toute puissance, parce qu'en Lui seul
se trouvent les trésors de l'amour, de la science et
de la sagesse infinie, à savoir Dieu, notre divin
Sauveur Jésus-Christ, le Verbe du Très-Haut, la
parole de vie ».

Quelle que soit la beauté de cette effusion senti-
mentale, elle n'offre aucune garantie ni de paix ni
de justice. Ce n'est que la substitution du gouvernement par l'émotion au gouvernement par le droit;
à condition, pourtant, que les trois grandes armées,
dont l'unité d'action est d'ailleurs assurée, appuient
les décisions de cette triple délégation de la Providence, en ce qui concerne les devoirs de l'amour
fraternel !

Si des hommes d'État pouvaient jamais accorder
leur sanction à un effacement aussi complet de la
souveraineté nationale que celui qu'ordonnaient
ces fameux traités, il est difficile de voir comment
ces mêmes hommes pourraient s'opposer avec
logique à ce que l'État fût lié par ses propres lois,
c'est-à-dire par des lois dont il reconnaît volontairement la valeur et l'autorité juridiques. Or c'est là
tout ce qui est requis pour que la justice soit
garantie dans les relations entre États souverains.

Mais ce serait fournir un faible argument en

faveur des garanties internationales, que de fonder leur prétention à un caractère légal sur le précédent d'un traité inefficace, qu'aucun jurisconsulte n'a pu défendre; et l'argument *ad hominem* n'aurait aucune force, même pour les États qui furent un jour liés, pour peu de temps, par cet accord.

La justification solide des garanties internationales fondées sur des conceptions juridiques se trouve dans le caractère essentiellement juridique de l'État moderne. Un argument contre l'utilité de ces garanties équivaudrait à l'abandon de l'idée de l'État moderne comme incarnation du droit, et cela, au moment même où celui-ci est en train de célébrer son triomphe définitif. Toutes les nations modernes aspirent à jouir de garanties constitutionnelles. Dans les cinq dernières années, la Russie, la Perse, la Turquie, et, en ce moment même, la Chine, ont toutes ressenti le frémissement de la conscience juridique qui s'éveille; et toutes ont déjà obtenu, ou sont en train de réclamer les garanties que donne une Constitution légale. Or il est difficile de comprendre comment ce mouvement général, qui suit la marche du progrès dans le monde, pourrait logiquement aboutir au refus d'appliquer aux affaires internationales les mêmes principes que l'État a invoqués et appliqués dans les affaires nationales. Jamais, dans le cours de

l'histoire de l'humanité, on n'avait compris aussi
clairement qu'aujourd'hui que la civilisation tout
entière est fondée sur l'existence de garanties,
assurant que la force ne saurait prévaloir tant que
la voix de la justice ne se sera pas fait entendre.
La forme sous laquelle il convient de faire appel à
la justice et la manière dont ses décisions seront
exécutées peuvent être encore douteuses; mais
l'insistance sans précédent avec laquelle ces
questions s'imposent à l'attention publique est
une preuve suffisante que la conscience juridique
de toutes les nations civilisées réclame l'invention
de quelque méthode par laquelle la voix de la
justice puisse se faire entendre dans les relations
internationales.

CHAPITRE VII

L'ÉTAT COMME PUISSANCE ARMÉE

Valeur de la vertu militaire. — Rôle de la force dans la civilisation. — Le mouvement tendant à limiter les armements. — Attitude de la Première Conférence de La Haye
à l'égard de la justice internationale. — Triomphe de l'idée
juridique en 1907. — La conception juridique comme
manquant encore d'une forme organique. — La paix
armée. — Réglementation pacifique de la guerre. — L'organisation juridique de la paix. — Profits et pertes de la
guerre. — La guerre est-elle inévitable?

« La fin de la justice est la paix, le moyen
d'y atteindre est la lutte. Tant que la justice sera
en butte aux attaques de l'injustice..., la justice
ne pourra s'abstenir de lutter. Toute la justice
qui est dans le monde fut le résultat d'une lutte;
toute règle importante du droit dut être arrachée
à ceux qui lui faisaient opposition; et toute espèce
de droit, le droit d'un peuple comme celui d'un
individu, suppose que celui qui le possède est
toujours prêt à l'affirmer par la force »[1].

Tels sont les mots par lesquels Rudolph Ihering

1. IHERING, *Der Kampf ums Recht*, Vienne, 1906.

commence son fameux livre, publié en allemand
en 1872, et traduit vingt et une fois dans des langues
étrangères : *Der Kampf ums Recht.*

Bien que le titre sente la poudre et que les arguments puissent parfois paraître forcés, la thèse
selon laquelle la justice ne serait pas simplement
une idée abstraite, mais une force vivante, contient
une vérité historique incontestable. Il n'est pas
nécessaire de faire un raisonnement savant pour
prouver que le droit n'a jamais pu prendre pied
nulle part sur la terre, avant d'avoir lutté avec le
mal, soit sur le champ de bataille, soit sur le forum,
et d'avoir prouvé qu'il était le plus fort.

Il ne sert à rien, par conséquent, de crier :
« Paix! paix ! » là où il n'y a pas de justice, et là
où il n'y a pas de force pour faire respecter la justice ;
car la paix sans la justice est ignominieuse, et,
partout où l'injustice triomphe, la paix, bientôt,
dégénère en esclavage.

Valeur de la vertu militaire.

Toute paix durable qui règne ou a régné dans le
monde a été obtenue grâce à une meilleure organisation et à une meilleure direction des qualités
guerrières de l'humanité. La guerre, malgré ses
horribles atrocités, a toujours attiré les fortes et
nobles natures ; et un grand nombre des hommes

les plus exempts d'égoïsme et les plus désireux de se rendre utiles ont été des soldats. En faisant appel, comme elle le fait, au sacrifice et à l'héroïsme, la guerre semble rattacher l'individu à quelque grande cause, très supérieure à la recherche de son bien-être individuel et de son plaisir égoïste; et elle lui apprend à vivre pour un objet qui le dépasse.

Tant que l'oppression et l'injustice demeureront dans le monde, il y aura quelque chose qui méritera qu'on lutte pour l'obtenir, non, sans doute, nécessairement dans un sens brutal; et tant que quelque chose méritera qu'on lutte pour l'obtenir, la bravoure et la force d'âme exciteront l'admiration. Ainsi que l'affirmait, avec tant de vérité, le regretté professeur William James dans son essai sur : *The Moral Equivalent of War*, l'instinct combatif est une faculté profondément enracinée dans l'homme, et il suffit de le bien diriger pour justifier sa présence permanente dans la race humaine. Mais ce fut un moment important de l'évolution de l'humanité, que celui où l'instinct combatif fut organisé en vue de la protection de la tribu, et, par là, libéré des explosions isolées de violence et de brutalité. A partir de ce moment, l'instinct combatif prit une valeur sociale bien définie. Lorsque, ensuite, il fut réglé et discipliné dans la personne de soldats exercés, et qu'il fut tenu en

réserve pour des occasions déterminées par la
communauté, l'instinct combatif prit une direction
nouvelle et hautement avantageuse. Et, finalement,
quand cette force organisée devint pleinement
responsable envers l'autorité civile, elle put
s'employer à maintenir la paix et à favoriser le
développement de l'État moderne.

Mais, reconnaître la valeur de la vertu militaire,
ce n'est pas faire l'apothéose de la guerre. Aucun
grand capitaine n'a glorifié la guerre comme étant
en elle-même un bien pour l'humanité. Le feld-
maréchal comte de Moltke a été souvent cité pour
avoir écrit : « La paix éternelle est un rêve et elle
n'est même pas un beau rêve, car la guerre est une
des pièces dont se compose l'ordre établi dans
l'Univers, par Dieu lui-même. Elle développe les
plus nobles vertus humaines : courage, résignation,
fidélité au devoir et disposition au sacrifice. Sans
la guerre, le monde s'enfoncerait dans le matérialisme ».

Nous n'avons pas besoin de discuter cette affirmation, émanant du plus fameux apologiste de la
guerre, mais seulement de l'interpréter. Ces mots
du comte de Moltke étaient écrits en 1880, dans
une lettre adressée à Bluntschli, alors professeur
de Droit international à l'université de Heidelberg,
ce dernier, qui écrivait en juriste, ayant fait
allusion à la guerre dans des termes que le feld-

maréchal considérait comme indignes d'un soldat.

Mais cette apologie de la guerre doit être rapprochée des appréciations exprimées par le comte de Moltke sur la valeur inestimable de la paix. Trois ans auparavant, le 24 avril 1877, il avait dit, s'adressant au Reichstag allemand : « Messieurs, je partage l'espérance de l'orateur et m'associe au vœu qu'il forme pour une paix durable, mais je ne puis partager sa confiance. Heureux le temps où les États ne seront plus obligés d'employer la plus grande partie de leurs revenus à assurer simplement leur existence ; et où, non seulement les gouvernements, mais le peuple et les partis, seront également convaincus qu'une campagne, même heureuse, coûte plus qu'elle ne rapporte ! » Et, quelques mois seulement avant la fameuse lettre à Bluntschli, le 1er mai 1881, Moltke fit, au Reichstag, un discours dans lequel il disait : « Qui pourrait proposer comme un bon moyen d'éviter une calamité, que toute l'Europe gémisse sous le poids d'une paix armée ? C'est la défiance mutuelle qui maintient les nations armées l'une contre l'autre. … Toutes les nations ont un égal besoin de paix. »

Il est évident, par conséquent, que le comte de Moltke ne faisait l'apologie de la guerre que parce qu'il la jugeait inévitable, et que son propre idéal était un état de paix et de confiance mutuelle entre les nations, si seulement l'on pouvait découvrir ou

susciter des raisons solides de croire à leur bonne
volonté.

Rôle de la force dans la civilisation.

Il est tout naturel que le soldat, qui a voué sa
vie à la défense de sa patrie, et le jurisconsulte,
qui cherche à rattacher le bien-être de cette patrie
à des principes généraux, diffèrent, non seulement
quant à leur tempérament, mais quant à leur
manière de considérer les mêmes faits. Le soldat
regarde en arrière, et constate que jamais aucun
État n'a pu protéger les droits de ses citoyens sans
s'être mis en mesure de faire face à leurs ennemis.
Le jurisconsulte regarde devant lui, et espère que,
quand le progrès social sera suffisamment avancé,
les hommes reconnaîtront généralement qu'il est
plus avantageux d'adhérer et d'obéir aux principes
de la justice, que de verser le sang les uns des
autres à propos de simples malentendus. Toutefois, il n'y a pas entre eux d'opposition essentielle : tous deux visent les mêmes fins, et ne diffèrent d'opinion que sur les moyens d'y arriver.

Nous ne pouvons, à moins d'ignorer les faits
historiques, méconnaître le rôle qu'a joué jusqu'ici
la force armée dans le développement de l'État
moderne. Toute victoire de la civilisation sur la
barbarie, et de l'ordre public sur l'anarchie, a été
obtenue grâce à une meilleure organisation de la

force et à l'emploi de cette force en vue de fins
plus élevées. L'organisation meilleure de la force
a consisté dans la création d'armées de terre et de
mer et dans leur soumission plus complète à l'autorité civile. L'emploi de la force pour des fins
plus élevées a déterminé la suppression de la sauvagerie, de la barbarie, de la piraterie et du despotisme. Condamner les armées de terre et de mer
comme de simples survivances d'une époque dis-
parue, alors que la civilisation est encore menacée,
ce serait s'exposer à un retour vers la barbarie;
car il n'est pas certain le moins du monde que le
respect du droit soit devenu suffisamment profond
et universel pour qu'un peuple sans défense puisse
compter sur la sécurité touchant ses droits et ses
libertés.

Il n'est pas douteux, d'autre part, que des différends ne se produisent encore dans l'avenir, même
parmi les peuples les plus civilisés, et que ces
différends ne doivent être réglés entre eux d'une
manière ou d'une autre. Or, tant qu'on ne sera pas
en possession d'assurances dignes de foi, garantissant que les malentendus internationaux pourront
recevoir quelque autre solution, plus satisfaisante,
avant de s'être accumulés au point d'amener la
guerre, il est moralement certain que l'on devra
continuer à compter sur les armées et les flottes
pour sauvegarder la paix.

20.

On ne saurait donc s'attendre à voir la politique
de désarmement adoptée dès aujourd'hui, ni même,
ici ou là, dans un avenir quelconque. Il importe,
par suite, au plus haut point, de reconnaître ce
fait, que les dangers qui menacent les relations
internationales ne tiennent pas à l'existence des
armées et des flottes, mais bien à l'état d'esprit
dans lequel se trouvent les nations à l'égard les
unes des autres. Disons-le clairement, une fois pour
toutes : la menace qui pèse sur la paix publique
au sein d'une communauté n'est pas dans ce fait
que le peuple ait à sa disposition des moyens de
destruction dont des gens mal intentionnés pourraient faire mauvais usage ; elle est dans le fait de
l'anarchie et d'une organisation imparfaite de la
justice. Cela est également vrai quand il s'agit des
États. L'accroissement extravagant de la force
armée résulte de cette conviction, que, tant que les
principes de justice ne seront pas prépondérants
parmi les nations, un État ne devra compter, pour
garantir sa sécurité, que sur ses forces effectives.
La nécessité de s'appuyer sur la force est et sera
toujours en proportion inverse de la disposition à
adhérer et à obéir à la loi. Lorsque tous ceux qui
seraient capables de nuire sont prêts à accepter
et à respecter l'autorité de la loi, et à se soumettre
sans violence aux jugements des tribunaux, le rôle
de la force peut, en toute sécurité, être réduit à ce

minimum de protection policière, indispensable,
même dans une communauté paisible et res-
pectueuse de la légalité, pour les cas où se produisent, de façon accidentelle et sporadique, des
actes de violence contre les personnes et les
propriétés.

La seule voie sûre qui mène à la justice est donc
celle de la paix, et les seules garanties de justice
qui aient été jusqu'ici découvertes ou imaginées
par les hommes, sont, d'une part, la force organisée placée sous le contrôle de l'autorité civile ;
d'autre part, l'engagement général de respecter les
principes de la justice, sans que la force soit employée.

Le mouvement tendant à limiter les armements.

La correction pratique de notre conclusion est
mise en lumière d'une façon très instructive par le
mouvement qui tend à diminuer l'accroissement
des armements modernes.

Dès 1890, Lord Salisbury fut, dit-on, tellement
impressionné par l'augmentation exagérée des armements modernes, qu'il prépara, pour l'usage du Cabi-
net britannique, un mémorandum où il exposait
quelles lourdes dépenses imposait à l'Europe le
régime de la paix armée ; et ce document passe pour
avoir été communiqué, confidentiellement, au moins

à une autre Puissance, dans l'espoir que l'Europe serait convoquée à un Congrès pour travailler à modifier la situation. Mais l'idée fut abandonnée sans avoir eu aucun résultat pratique.

La défiance mutuelle, qui avait régné pendant si longtemps, n'était, d'ailleurs, en aucune façon diminuée, et paraissait même augmenter chaque année ; car le progrès continuel des préparatifs militaires, n'étant accompagné d'aucun projet en vue d'une meilleure organisation des relations internationales, donnait une nouvelle importance au rôle de la force, et ne se justifiait que par la disposition générale à compter sur la force pour assurer la sécurité.

Le 24 août 1898, l'empereur de Russie, profondément frappé par ce fait que « les forces morales et physiques des nations, travail et capital, se trouvent détournées de leur destination naturelle et employées d'une manière improductive » pour les dépenses relatives aux armements, fit paraître un Message ou Rescrit, dans lequel il affirmait que « le premier devoir qui s'impose aujourd'hui à tous les États est celui de poser une limite à ces armements continuels, et de chercher les moyens d'échapper aux calamités qui menacent le monde entier ». Et, en conséquence, il proposait aux gouvernements ayant des représentants accrédités auprès de la Cour de Russie, qu'une Conférence fût réunie pour discuter cette grave question [1].

Il faut remarquer que cette première circulaire se bornait à mentionner les charges économiques que les armements d'alors imposaient, et les crises qui pouvaient résulter de leur accroissement; mais qu'elle n'invitait en aucune façon à un désarmement général et ne proposait aucun substitut de la force armée, en vue de garantir la paix. Ce n'est qu'incidemment, à la fin du document, qu'il était dit que, dans cette Conférence, les Puissances « scelleraient leur accord en reconnaissant solidairement les principes de l'équité et du droit, sur lesquels reposent la sécurité des États et la prospérité des peuples ». Mais les motifs qui inspiraient cette proposition, telle qu'elle était exprimée dans le Message, étaient, premièrement, économiques, et, secondement, humanitaires, mais non proprement juridiques.

Dans une seconde circulaire, émise le 11 janvier 1899, le but de la Conférence était défini comme comprenant certaines améliorations, quant à la pratique de la guerre et à « la possibilité de prévenir les conflits armés, par les moyens pacifiques

1. Le texte du Rescrit et les autres documents relatifs à la Première Conférence de La Haye se trouvent dans Scott, *The Hague Peace Conferences of 1899 and 1907*, II, Baltimore, 1909.

dont peut disposer la diplomatie internationale ».
Mais il n'y avait encore, dans le programme, aucune
place indiquée pour la discussion des questions
purement juridiques, et il était déclaré que
« toutes les questions concernant les rapports politiques des États et l'ordre de choses établi par les
traités » devaient rester absolument en dehors du
programme.

Convoquée et dirigée en tant que Congrès de la
Paix, la Première Conférence de La Haye (18 mai-
19 juillet 1899), bien qu'elle fît fortement appel aux
sentiments philanthropiques des honnêtes gens
du monde entier, n'excita que peu d'intérêt, et
même d'espoir de succès, chez les hommes d'État
de métier et chez les diplomates. On trouva qu'il
eût été peu courtois à l'égard d'un grand souverain,
et peu respectueux envers une noble aspiration
humaine, de mettre obstacle au mouvement ;
mais, du moins dans le monde officiel, on ne parlait de cette tentative qu'avec un scepticisme mal
dissimulé, voire même avec des sourires osten-
sibles.

Bien que la Conférence eût été réunie dans le
dessein d'étudier la question de la limitation des
armements, l'attention se tourna bientôt vers d'autres questions. Il fut allégué par le Président de la
Conférence que « la paix armée d'aujourd'hui
occasionne des dépenses plus considérables que la

guerre la plus lourde de jadis » : mais, si cette assertion ne fut pas contestée, elle ne fut pas généralement appuyée au cours de la brève discussion qui suivit. On proposa l'étude de la limitation des armements ; une Commission fut nommée pour faire un rapport sur le sujet ; et, finalement, aucun plan définitif n'ayant été présenté, il fut décidé par la Conférence que la limitation des dépenses militaires qui pèsent actuellement sur le monde est une chose tout à fait désirable, dans l'intérêt de la prospérité matérielle et morale de l'humanité. La première Commission, à laquelle la question fut soumise, borna, par conséquent, ses efforts à proposer d'humaniser la guerre.

Il est fort heureux que les plénipotentiaires et les experts, assemblés à La Haye en 1899, aient eu le bon sens de ne pas provoquer une querelle, et de ne pas interrompre la Conférence en insistant pour obtenir une discussion complète sur la question de la limitation des armements. Ils s'aperçurent que, tant que la défiance mutuelle, véritable cause des préparatifs de guerre, ne pourrait pas être supprimée, il serait impossible de se mettre d'accord sur le sujet ; et ils s'aperçurent aussi qu'y trop insister ne servirait qu'à confirmer le soupçon, déjà très répandu, selon lequel la proposition n'aurait pas été dictée par la pure philanthropie. Beaucoup d'entre eux avaient aussi l'idée qu'après

tout, en se bornant à couper en deux la somme
dépensée pour les armées et les flottes, à en
mettre une moitié dans sa poche et à continuer
d'employer l'autre de la vieille manière classique,
non seulement on ne traiterait pas à fond la question, mais même on ne modifierait pas le *statu
quo*, si ce n'est au point de vue économique.

Attitude de la Première Conférence de La Haye à l'égard de la justice internationale.

La seconde Commission s'occupa également des
lois et coutumes de la guerre; mais une troi-
sième, en présence de circonstances très difficiles,
trouva, ou, pour parler plus exactement, créa une
occasion de donner à la Conférence un caractère
quasi juridique que l'on n'avait pas prévu primitivement. Ce fut l'œuvre de cette Commission qui
sauva la Conférence d'un échec complet dans la
pratique; car elle provoqua un mouvement qui
devait aboutir à faire enregistrer, dans une convention d'une valeur durable, les progrès généraux
qu'avaient réalisés les idées internationales au
cours du XIXᵉ siècle.

Jamais on n'a raconté complètement de quelle
manière le mouvement avait commencé, et il n'y a
aucune utilité à le dire ici. Mais il est important,
toutefois, de noter les progrès accomplis dans la

Première et dans la Deuxième Conférence de
La Haye, en ce qui concerne l'adoption de la conception juridique de l'État comme base des relations internationales de l'avenir.

Il y avait, ainsi que nous l'avons vu, dans le
programme envoyé par le gouvernement qui con-
voqua la Première Conférence, une invitation à
chercher « la possibilité d'empêcher les conflits
armés par les moyens pacifiques dont peut disposer la diplomatie internationale ». Il n'était
pas dans la pensée de son auteur que l'on dût
employer aucun moyen dont ne disposerait pas la
diplomatie internationale. Or les moyens dont celle-
ci disposait se bornaient à trois modes d'action :
1º les bons offices et la médiation ; 2º les commissions d'enquête ; 3º des arbitrages volontaires éven-
tuels. En outre de conventions et déclarations nouvelles touchant les lois et coutumes de la guerre,
la Conférence s'occupa d'ébaucher une convention
pour la solution pacifique des différends internationaux. Cette convention renfermait des pres-
criptions relatives à l'usage facultatif de chacun
des trois moyens dont dispose la diplomatie. De
plus, elle préparait l'institution d'un tribunal qui
devait être convoqué en cas de nécessité, et dont
les membres devaient être choisis dans une longue
liste d'arbitres nommés par les différents gouvernements.

21

Quelque importante et salutaire que fût cette convention, elle ne s'inspirait pas explicitement de la conception juridique. Il n'était pas un seul de ces moyens purement diplomatiques, que, d'après les termes mêmes de cette convention, un État signataire ne fût en droit de rejeter. Tout y était purement occasionnel, facultatif et, par conséquent, peu décisif. La justice était recommandée, mais il n'était nulle part convenu ou même énoncé qu'elle dût être obligatoire pour les États souverains.

L'attitude de la Conférence sur ce point ne laisse aucun doute. Elle recommandait de faire des concessions dans l'intérêt de la paix et fournissait un moyen de rendre ces concessions efficaces; mais nulle part il ne fut convenu ou seulement soutenu, qu'un État souverain est juridiquement obligé à soumettre telle question litigieuse à une cour de justice. La création d'une cour de justice fut proposée, mais rejetée. La seule chose intéressante qui résulta de la Conférence, ce furent les mesures destinées à aider au maintien de la paix.

Une curieuse démonstration de cette attitude peut être tirée du débat qui eut lieu lorsque l'on proposa de pourvoir à une revision, au cas où une erreur judiciaire aurait été commise, ou quelque fait nouveau découvert dans une période déterminée à la suite du premier jugement. On prétendit

que cette mesure ferait « sombrer toute idée
d'arbitrage », l'arbitrage ayant simplement pour
but, disait-on, de mettre fin aux discussions, plutôt
que d'assurer le triomphe de la justice : « Le but
de l'arbitrage est de terminer les controverses
d'une façon définitive ». D'un autre côté, on déclarait que « rien n'est réglé tant qu'il ne l'est pas
selon la justice », à quoi l'on répondait que « les
parties contractantes qui voudraient se placer au
point de vue de la justice... devraient prendre des
mesures en vue d'une revision, par une convention spéciale; mais que le fait d'en faire une
mesure générale pourrait avoir des conséquences
fâcheuses, et que les gouvernements risqueraient
de n'être bientôt plus maîtres chez eux »[1].

Toutefois, bien que la justice fût subordonnée à
la paix dans la convention définitive, et que la
paix, non plus que la justice, n'y fût déclarée obligatoire, il fut bien spécifié que la Conférence était
désireuse d'étendre l'empire du droit et de fortifier
le sentiment de la justice internationale; et ainsi se
trouva enregistré tout ce qui, alors, pouvait obtenir l'agrément général.

Triomphe de l'idée juridique en 1907.

Dans la Deuxième Conférence de La Haye (15 juin-

1. HOLLS, *The Peace Conference of the Hague*, New-York,
1900, pp. 287 et 303.

18 octobre 1907), le programme comprenait des
améliorations à apporter aux règles de la convention de 1899 relatives à la solution des différends
internationaux, mais il ne proposait pas d'extension
quant aux principes. La question de la limitation
des armements n'était même pas mentionnée,
mais le droit de la discuter était réservé à quelques
nations, et la résolution de 1809 était confirmée.
Plus loin, il était même déclaré extrêmement désirable de voir les gouvernements entreprendre une
étude sérieuse de la question.

Ce qui, surtout, caractérisa la Deuxième Conférence de La Haye et prouva bien que l'opinion
publique avait progressé depuis la Première, ce fut
l'intérêt croissant qui s'attacha à l'idée de justice,
et qui contrastait avec les aspirations purement
pacifiques qui avaient prévalu en 1890. Ce caractère se manifesta spécialement dans la convention
relative à l'établissement d'une cour internationale des prises maritimes; dans le projet de création d'une cour permanente de justice arbitrale,
et dans l'entente pour ne pas faire usage de la
force en ce qui concerne le recouvrement des dettes
contractuelles, sans qu'un jugement arbitral ait été
rendu, ou, tout au moins demandé et refusé. Mais
ce même caractère fut surtout sensible dans la
tenue générale des discussions, où l'on reconnut
que le véritable fondement des accords internatio-

naux était dans une compréhension plus ferme et
plus hardie des principes de la jurisprudence, et
où se manifesta une évidente diminution de la
tendance, prépondérante en 1899, à considérer les
États souverains comme des entités absolues,
placées en dehors des obligations du droit. L'assemblée se composait de quarante-quatre Puissances,
au lieu des vingt-cinq qui étaient réunies à la Première Conférence ; et les débats furent plus larges
dans leurs visées, plus étendus dans leur forme, et
présentèrent une plus grande variété de vues, que
les débats correspondants de 1899. Bien que la
procédure suivie fût plus conforme aux habitudes
diplomatiques qu'aux usages parlementaires, la
note de la jurisprudence fut plus accentuée que
celle de la diplomatie, laquelle, d'un bout à l'autre
de la Conférence, fut plus occupée à faire de l'obs-
truction qu'à prendre la direction des affaires.

On reconnut de tous côtés que l'idée d'arbitrage
avait fait de grands pas en avant pendant les huit
dernières années et avait conquis, dans le monde,
son droit de cité ; car quatre cas importants avaient
été réglés à La Haye, et trente-trois traités d'arbitrage avaient été signés. Il fut admis par tous qu'il
était nécessaire d'améliorer la précédente convention, et trente-trois Puissances se déclarèrent favorables à l'arbitrage obligatoire, en ce qui concerne
certaines sortes de litiges.

Il n'est pas nécessaire de suivre ici en détail les efforts qui ont été faits pour l'établissement d'une cour permanente de justice arbitrale, dont le projet a été publié dans l'*Acte final de la Conférence*, non plus que d'énumérer une fois de plus les causes qui ont empêché le projet d'aboutir. Mais ce qu'il importe de faire remarquer, c'est qu'en principe aucune objection ne s'est élevée contre ce projet. Personne ne prit la parole pour soutenir l'idée, qui, semble-t-il, ne pourrait plus trouver aujourd'hui aucun défenseur, selon laquelle il serait contraire à la dignité des États souverains de soumettre leurs différends, sur un sujet quelconque où se trouve impliqué un principe de droit, aux décisions de juges neutres, dont a fonction ne serait pas seulement de trouver une *via media*, acceptable pour tous au point de vue diplomatique, mais encore de déterminer de quel côté se trouve la justice, au sens juridique du mot.

La conception juridique comme manquant encore d'une forme organique.

Voici donc établi le triomphe définitif de la conception juridique de l'État comme question de principe. Dans l'arène publique ouverte à la libre discussion, cette conception demeure inattaquée;

en tout cas, elle n'a pas trouvé un adversaire
déclaré parmi les délégués des quarante-quatre
États souverains représentés à la Deuxième Conférence de La Haye, premier Congrès universel que
l'on ait vu se réunir dans toute l'histoire du
monde.

Cette conception, il est vrai, n'a pas pris jusqu'ici la forme organique qui lui est nécessaire
pour devenir utilisable dans le domaine de la pratique. Mais elle a remporté, dans le domaine moral
et intellectuel, une victoire qui peut être considérée comme l'un des grands progrès réalisés par
l'humanité. Aucun homme d'aucun pays ne saurait
prétendre légitimement que cette victoire ait été
obtenue grâce à telle ou telle initiative particulière
ou à tel ou tel argument spécial, lesquels en
seraient proprement la cause. La vraie cause,
c'est simplement le développement de la conscience
claire et immédiate d'une vérité qui était latente
dans l'esprit de tout homme préoccupé de déterminer la nature réelle de l'État, depuis le moment
où cette question était devenue un sujet de
réflexion. La question de la paix se ramène et s'est
toujours ramenée à la question de la justice : elle
n'est pas autre chose. Partout où règne une justice
parfaite, règne également la paix; et partout où
une grosse injustice se produit, il existe des causes
de conflit tant que l'injustice n'a pas été écartée.

Jamais la paix n'a été rompue que par un acte injuste; et, en principe, la guerre ne prend fin que lorsque l'injustice est à son terme, ou quand les hommes sont contraints par la force à accepter la paix. Tant que l'injustice subsiste, les hommes les meilleurs croient que leur devoir est de la combattre, et, infailliblement, ils préparent la guerre. La seule paix véritable est celle qui consacre le triomphe du droit sur l'injustice. Tel est l'idéal humain, pour la réalisation duquel a été créé l'État moderne; et tant que cet idéal ne sera pas pleinement réalisé, les nations continueront à s'armer contre leurs ennemis, réels ou imaginaires selon les cas.

La paix armée.

On a dit souvent que la meilleure garantie que l'on puisse trouver pour la paix était la préparation à la guerre.

Au cas où un pays particulier serait exposé à l'attaque d'un ennemi déterminé, la préparation de la guerre, si elle était suffisante pour décourager l'attaque, pourrait servir à reculer, voire même à détourner le conflit; mais il est clair qu'elle n'arriverait pas facilement à en atteindre la cause. Lorsque les deux parties sont également bien préparées à la guerre et que la cause du conflit

subsiste, il devient même plus probable que ce
conflit se produira; car chaque partie, comptant
sur sa force militaire, est moins disposée à chercher
une méthode de conciliation raisonnable. Et c'est
ainsi que la guerre peut devenir inévitable.

Mais le caractère sophistique de cette doctrine,
selon laquelle la paix serait favorisée par la préparation de la guerre, apparaît avec évidence dans
le cas où cette préparation devient générale, et où
toutes les nations essaient de maintenir la paix
par l'émulation qui les pousse à augmenter leurs
armements. Car, par là même, s'établit de tous
côtés une défiance mutuelle, et c'est cette défiance
qui. selon le comte de Moltke, maintient les
nations armées les unes contre les autres. Si, ainsi
qu'il l'affirme avec sa haute autorité, la défiance
mutuelle est la cause des armements, il est incontestable que cette augmentation générale de la
force armée, qui sans cesse accroît la défiance,
ne pourra pas devenir une garantie de paix suffisante. Le système, dans son ensemble, tourne dans
un cercle vicieux, car la défiance accroît les armements, les armements accroissent la défiance, et
ainsi de suite à l'infini.

Mais quelque évidente que puisse être, en
théorie, l'action pernicieuse de cette doctrine, les
effets pratiques en sont encore plus funestes.
L'accroissement exagéré des armements, considéré

du point de vue international, constitue une menace perpétuelle pour la paix du monde, à cause des complications diplomatiques qui en résultent. Lorsqu'une nation a épuisé ses ressources jusqu'au bout pour arriver à égaler la force militaire de sa voisine et qu'elle échoue dans cette entreprise, elle cherche à entrer en alliance avec d'autres nations contre sa rivale; non que celle-ci l'ait inquiétée en aucune façon, mais elle redoute de la voir abuser de la supériorité de sa force. Et ainsi s'établissent la funeste pratique des ententes secrètes et le soupçon, plus funeste encore, qui veut qu'elles existent là où elles n'existent pas; et le monde civilisé tout entier en arrive à se laisser prendre au filet des intrigues diplomatiques, ou troubler par la crainte de les voir se perpétuer.

L'espionnage s'ensuit; des demi-vérités sont découvertes et exagérées; le soupçon se change en conviction; et toute la terre semble être minée par les complots et les contre-complots, jusqu'au moment où la franche et loyale amitié est devenue impossible.

Ce qui est vrai, c'est que le progrès de la civilisation a été favorisé par l'organisation de la force, placée sous le contrôle civil, mais non jamais par la force militaire à elle seule. Lorsque la force militaire est placée en dehors des pouvoirs de l'organisation civile effective, elle devient une

menace, pour ceux-là mêmes qui sont supposés la
diriger. Et, ici, il nous faut examiner deux faits
importants.

Le premier, c'est que rien ne saurait être plus
dangereux qu'une organisation secrète de la force,
spécialement en ce qui concerne les relations internationales. Il a été prouvé à maintes reprises que
les arrangements secrets, conclus entre les nations
dans le dessein de combiner leurs forces, sont en
grande partie illusoires. Quand l'échéance arrive,
tous les alliés ne sont pas également intéressés
dans la question, et les promesses sur lesquelles
on avait compté s'évanouissent au moment du
besoin. Là où les combinaisons sont le résultat de
la contrainte, elles n'ont généralement aucune
valeur. Les faibles ne sont que trop heureux de
pouvoir aider à l'isolement des forts; et l'isolement, là où il est réalisable, est le sort auquel
les forts doivent naturellement s'attendre, quand
ils font appel à la violence.

L'autre fait, c'est que la force publique,
lorsqu'elle dépasse les besoins effectifs de l'État,
c'est-à-dire lorsqu'elle excède ce qui est justifié
par la nécessité, est en soi une menace envers
l'État. Nous avons assisté, dans l'espace de
quelques mois, à la révolte des armées de terre et
de mer dans des pays très distants les uns des
autres; nous avons été témoins de ce phénomène

surprenant : des forces publiques dictant à des gouvernements établis les termes de leur service et de leur obéissance. Ces cas ne sont pas assez rares pour être entièrement exceptionnels. Or quelle conclusion logique peut-on tirer de ce fait? Ne serait-ce pas que, pour servir les desseins de l'État, on ne peut compter sur la force militaire livrée à elle-même, mais seulement sur la force organisée au point de vue civil? Qu'est-ce donc que la force organisée au point de vue civil? C'est la force rapportée aux besoins du droit et de l'ordre, pénétrée des idées de droit et d'ordre, et rendue responsable envers le droit et l'ordre par l'autorité civile légale. Si ces conditions ne sont point remplies, l'État moderne devient impossible; et, si la force publique s'accroît plus que ne l'exigent les nécessités publiques, si elle s'écarte pour longtemps de la conscience juridique de la nation, elle travaillera inévitablement à rendre l'État moins puissant pour l'accomplissement de sa mission.

Réglementation pacifique de la guerre.

Le fait que, malgré le progrès des préparatifs de guerre, la paix soit considérée comme la condition normale, dont le maintien est l'objet des gros armements, marque une phase nouvelle dans les relations entre États souverains. Le caractère pré-

caire du maintien de la paix armée est encore sou-
ligné par les efforts pacifiques que l'on fait pour
réglementer la guerre. Il est maintenant universellement admis que la seule justification de la
guerre est la nécessité de résoudre certaines questions et l'impossibilité de les résoudre autrement.

On est d'accord pour dire que toute cruauté et
toute injustice inutiles doivent être supprimées,
que les droits des nations non belligérantes
doivent être respectés et ceux des pays neutres
sauvegardés. Dans ce dessein on a adopté des
règles de conduite s'étendant, en fait, à toutes les
nations civilisées, et se rapportant à l'ouverture des
hostilités, aux lois et coutumes de la guerre sur
terre, aux droits et obligations des Puissances et
des personnes neutres, au régime des navires de
commerce au début des hostilités, à la transformation des navires de commerce en bâtiments de
guerre, au placement de mines sous-marines, au
bombardement par les forces navales, à l'adaptation à la guerre maritime des principes de la Convention de Genève, aux restrictions apportées à
l'exercice du droit de capture dans la guerre
maritime, et à l'interdiction de lancer des projec-
tiles et des explosifs du haut des ballons. Tels sont
quelques-uns des résultats des Conférences de
La Haye; et il convient d'y ajouter la proposition
de créer une Cour internationale des Prises,

appuyée sur un code naval qu'ont élaboré les Puissances maritimes à la Conférence de Londres
(4 décembre 1908-26 février 1909).

Ces résultats, obtenus par la collaboration des
experts militaires et maritimes réunis en conseil,
en vertu d'instructions de leurs gouvernements,
indiquent que la guerre doit dorénavant être soumise à des règles déterminées, et qu'on estime
que, même dans une lutte à mort, le caractère
juridique de l'État doit être reconnu et respecté.

En plaçant les armées de terre et de mer sous
l'autorité de règles juridiques, on coupe court
définitivement à la prétention arbitraire d'après
laquelle l'État souverain ne serait soumis à aucune
loi. A l'avenir, la guerre ne pourra plus être conduite par une nation civilisée sans que les lois de
la guerre soient respectées, au moins en principe.
Mais, s'il en est ainsi, une nation civilisée peut-
elle encore déclarer la guerre, sans avoir fait une
tentative préalable pour appliquer les principes
de la justice, étant donné qu'elle est obligée de les
respecter dans la conduite des opérations?

La réglementation pacifique de la guerre conduit
logiquement à l'organisation juridique de la paix;
car, si les principes de la justice sont dignes de
respect, et si les nations s'engagent à les respecter
dans la conduite des opérations militaires, pourquoi ces principes ne seraient-ils pas également

respectables quand il s'agit de garantir la paix?

Le succès des efforts faits pour *humaniser la guerre*, quelque cynique que puisse paraître cette expression, prouve déjà, dans une forte mesure, la possibilité d'humaniser les relations permanentes de la paix ; car il montre comment on peut effectivement mettre un frein aux instincts débridés des temps primitifs, en subordonnant l'emploi de la force à des règles d'un caractère légal. Mais, si les opérations militaires peuvent ainsi être dirigées d'après les principes de la justice et de la pitié, les préliminaires de la guerre ne pourraient-ils être soumis, à leur tour, à une direction analogue, sans qu'il y ait détriment pour la dignité nationale? Si l'on demande à des soldats et à des marins, dans le feu des combats meurtriers, lorsque leur sang et leur vie sont en jeu, de se conformer aux règles de conduite qui leur ont été imposées par des conventions internationales, pourquoi ne serait-il pas demandé aux diplomates et aux hommes d'État de s'assujettir, eux aussi, à des règles de procédure raisonnables, avant de décider qu'il est nécessaire que ces hommes exposent leur vie dans des combats?

L'organisation juridique de la paix.

Si la guerre était le meilleur ou le seul moyen d'obtenir la réalisation de la justice, nos consciences juridiques pourraient se contenter de voir chaque État user de ce moyen sans aucune restriction. Mais il suffit de bien peu de réflexion pour se rendre compte que, dans le conflit des forces physiques, il n'y a aucun élément qui puisse engendrer la justice. Il n'y a, dans le hasard des combats, aucune proportion entre le tort qu'il s'agit de réparer et la somme d'injustices commises pour réparer ce tort, non plus qu'aucune relation, quelle qu'elle soit, entre les droits que l'on se propose de faire triompher et la prépondérance de la force qui décide de la victoire. Le seul résultat de la guerre est la solution provisoire de cette question : quel est, actuellement, le plus fort, et quel est celui dont la volonté, bonne ou mauvaise, doit prévaloir?

L'expression de solution provisoire est ici employée à dessein, car la simple épreuve des armes est rarement une solution définitive des difficultés qui s'élèvent entre les nations. En général, non seulement la cause première du désaccord demeure entière, mais de nouvelles causes d'hostilité en résultent, laissant dans les cœurs une animosité durable. Cette animosité prend la forme d'une haine héréditaire, qui est souvent trop profondément enracinée pour pouvoir être extirpée par des arguments ou par une réconciliation, et qui, par suite, persiste indéfiniment.

Quand, dans les temps passés, les hommes luttaient pour leurs droits, corps à corps, l'épée nue à la main, on pouvait avoir le sentiment que celui qui était dans son droit, ayant fait appel au jugement de Dieu dans cette épreuve de la force brutale, verrait sa prière exaucée grâce à la justice de sa cause; tandis que celui qui avait tort n'aurait qu'à regarder dans les yeux celui qu'il avait lésé, pour être condamné comme indigne dans son propre cœur; de telle sorte que sa force s'évanouit devant le reproche de sa propre conscience. Mais il n'y a rien, dans la guerre moderne, qui fasse trembler le cœur du coupable en face de l'innocent. Il n'y a même plus une ligne de bataille où se glissent les fantassins, où chargent les cavaliers, où se rencontrent et s'entre-choquent les baïonnettes et les sabres, jusqu'à ce qu'ils ruissellent de sang. Une pluie de balles sifflantes, lancées par de la poudre sans fumée et dirigées par des stratégistes invisibles, tombe sur le champ sans limite. La crête d'une colline lointaine est hérissée de canons qui dévastent la prairie où s'effectuera la charge, ainsi qu'un moissonneur récoltant le blé mûr. D'énormes bombes explosives partent de points du ciel mathématiquement déterminés, creusant des trous dans la terre et des blessures béantes dans le flanc de tous les êtres vivants. La victoire, dans la guerre moderne, est, moins que

22.

jamais, affaire de valeur personnelle : elle dépend uniquement du nombre des soldats, de la taille et de la qualité des canons, et, surtout, de l'habileté à emprunter de l'argent pour payer la dépense.

L'organisation juridique de la paix peut présenter des difficultés plus grandes que l'humanisation de la guerre, parce que la guerre est un phénomène physique, dans lequel une combinaison de forces l'emporte sur une autre combinaison de forces; tandis que la paix est un état qui suppose l'adaptation réciproque d'un grand nombre de droits et d'intérêts contradictoires; mais, précisément pour cette raison, il est nécessaire que l'on emploie l'intelligence plutôt que la force pour opérer cette adaptation. Lorsque les hommes n'avaient pas encore la notion claire de leurs droits et que les droits ne jouissaient d'aucune protection organisée, il était parfaitement naturel que les questions personnelles fussent réglées par l'emploi direct de la force; mais aujourd'hui que les droits sont protégés d'une façon plus efficace par le pouvoir organisé, il est certain que l'emploi de la force est devenu impropre à réaliser les fins de la justice. Quand nous considérons quel tort injuste et immérité une guerre, même juste, inflige à l'innocent, nous ne pouvons échapper à cette conclusion, que l'épreuve des armes est, à tout le moins, une méthode grossière et fâcheuse de résoudre des différends sus-

ceptibles de recevoir autrement une solution plus
satisfaisante.

Profits et pertes de la guerre.

Il est tout à fait douteux que tous les intérêts de
l'État, et spécialement tous les intérêts des individus qui composent sa population, puissent être
favorisés par une guerre agressive, dût celle-ci se
terminer par un succès. Dans son livre : *The Great
Illusion*[1], Norman Angell a entrepris de prouver :
1° Que les armements ne servent à rien, attendu
que les Puissances secondaires, qui ont de faibles
armements, jouissent d'un crédit financier supérieur à celui des grandes Puissances militaires et
que leurs obligations d'État se vendent plus cher ;
2° Que les indemnités de guerre ne servent à rien,
parce que les relations commerciales sont modifiées d'une façon défavorable à celui qui les touche,
par suite du transport d'un pays à l'autre de
grosses sommes d'argent ; 3° Que les annexions
de populations ne servent à rien, parce que les
dépenses nécessaires à leur assimilation ne sont
pas compensées par le surcroît d'impôts qu'elles
rapportent ; 4° Que la guerre, en général, ne sert à
rien, parce que la solidarité financière des États
modernes est telle, que des propriétés ne peuvent

1. ANGELL, *The Great Illusion*, Londres, 1910.

pas être confisquées en grand nombre sans qu'il en résulte un bouleversement du commerce et du crédit qui devient nuisible à la prospérité industrielle et commerciale de l'État conquérant.

Le sujet est trop considérable pour pouvoir être traité ici d'une façon satisfaisante ; mais, quels que soient les mérites comparés de la paix et de la guerre, considérées au point de vue financier, nous pouvons dire qu'entreprendre une guerre uniquement en vue du gain serait un acte incompatible avec la nature et les fins de l'État moderne, et qu'aucune nation civilisée ne pourrait y accorder son approbation.

Et pourtant, on prétend constamment que les intérêts contradictoires des grandes Puissances les entraînent d'une façon mystérieuse, comme un courant profond et irrésistible, à quelque redoutable catastrophe, à laquelle les nations doivent se préparer. Il a été dit récemment par un homme d'une haute autorité : « Le faible ne peut se fier à son juge, et le rêve de l'avocat de la paix n'est qu'un rêve ! »

A qui donc alors se fiera l'homme faible ? Se fiera-t-il à l'homme fort plutôt qu'au juge équitable ? Ne se fiera-t-il qu'à lui-même ? Que deviendra donc l'État, alors ? Comment, d'après cette théorie, l'État pourra-t-il réclamer l'obéissance de l'homme fort, aussi bien que celle de l'homme faible ? Il est temps de comprendre que le règne de la force sans la considération du droit et de la justice, implique le retour à l'anarchie et la destruction de l'État. Le refus d'être juste sous prétexte qu'il est fort, serait, de la part de l'État, une répudiation des principes sur lesquels s'appuie son autorité.

La guerre est-elle inévitable?

Mais pourquoi déclarer que les aspirations de l'avocat de la paix ne sont qu'un rêve? Est-il vrai que la paix ne soit qu'un rêve et que la guerre soit la seule réalité? Est-ce que les périodes de paix n'excèdent pas, en durée, les périodes de guerre? Laquelle donc est le rêve, et laquelle est la réalité? Si l'on considère que le prix d'une seule bataille n'a jamais été dépensé, par toutes les nations de la terre réunies, pour l'organisation juridique de la paix, n'est-il pas au moins prématuré de dire qu'il est impossible de faire de nouveaux progrès dans cette direction?

Qui donc est en droit d'affirmer la fatalité de la guerre entre les nations civilisées? Combien de fois les prophètes de malheur n'ont-ils pas crié, leur cauchemar : « La guerre est inévitable! » Et cependant, la crise a passé, le malentendu s'est éclairci, la concession légitime a été faite, et, finalement, il n'y a pas eu de guerre. Et quelle preuve avons-nous que la guerre entre les États civilisés soit inévitable ? Ne vaut-il pas mieux nous préserver du dogmatisme et nous borner à la discussion des faits universellement admis ?

Il est, du moins, tout à fait certain qu'il rentre dans les pouvoirs des grands États organisés juridiquement de statuer sur les questions de guerre et de paix, et l'on peut dire avec une égale certitude qu'aucune grande Puissance ne souhaite de déclarer la guerre à une autre. Le plus grand danger vient de ce qu'on prépare les esprits à la guerre plutôt qu'à la paix. Il y a beaucoup d'intérêts purement privés qui répandent la conviction que la guerre est inévitable et que les nations doivent s'y préparer ; mais, considérée du point de vue de l'intérêt général, cette croyance à la fatalité de la guerre n'a qu'une base très peu solide. Dans les temps où la superstition était très répandue, il était facile de faire croire aux hommes que leurs destinées étaient entre les mains de puissances mystérieuses, sur lesquelles l'intelligence humaine n'avait aucune prise ; mais le temps n'est plus où les convictions des nations civilisées pouvaient se laisser influencer par de telles croyances. Dans le monde actuel, il n'existe pas de droits et d'intérêts démontrables, chez les États modernes bien organisés, qui ne puissent être conciliés sans effusion de sang ; et il serait difficile de signaler un seul avantage, susceptible d'être remporté par l'un des deux combattants, qui pût compenser les pertes en hommes et en argent occasionnées par la guerre. Leur seul ennemi commun a déjà été dénoncé et flétri ici-même. Son nom est : défiance mutuelle. Il ne peut être vaincu par des fusils à tir rapide, par des aéroplanes chargés d'explosifs, ou par des flottes de cuirassés. Un seul adversaire est capable de les détruire. Dans sa main droite se dresse une épée, mais cette épée est brisée; dans l'autre main tremble la balance qui n'a pas encore été essayée; et cependant, c'est devant cette auguste présence de la justice que les nations doivent apprendre à connaître leur destinée.

CHAPITRE VIII

L'ÉTAT COMME PERSONNE JUSTICIABLE

Évolution de la justice organisée. — Le droit de guerre. — Inexistence du droit de guerre absolu. — Le principe de l'inviolabilité. — La responsabilité de l'État. — Subordination de l'État aux principes juridiques. — Progrès de la justice internationale. — Limitation de l'emploi de la force. — L'établissement de Cours internationales. — La justice internationale, réclamée par le monde des affaires. — Résumé et conclusion.

Ayant établi la paix au-dedans de ses propres frontières par la substitution du règne de la loi au désordre et à la violence, ce n'est qu'en se dénaturant lui-même et en retournant à un type moins parfait d'existence sociale, que l'État constitutionnel peut méconnaître les principes de la justice et se livrer à la violence, dans ses relations avec les autres États.

On ne saurait s'attendre, pourtant, à voir l'organisation juridique de l'État, au sens international, s'accomplir autrement que graduellement, selon la marche qu'ont suivie les progrès à l'intérieur; et

l'on doit tenir compte, également, des obstacles
que lui opposent les traditions et les hérédités dont
il est embarrassé.

Évolution de la justice organisée.

L'organisation de l'ordre public à l'intérieur de
l'État, reposant sur des institutions juridiques, ne
s'est développée que très lentement. Même dans la
première période de l'histoire romaine, il semble
qu'il n'y ait rien eu qui ressemble à une cour de
justice. Lorsque des différends s'élevaient, on
recourait à des arbitres; mais les juges permanents
étaient inconnus. La soumission du cas à des
arbitres était décidée par un contrat spécial, dans
lequel les deux parties s'engageaient à obéir au
jugement. Plus tard, on désigna une cour d'arbitres
professionnels; mais des personnes compétentes
nous affirment que ce ne fut qu'à l'époque de
l'Empire que furent établis à Rome des tribunaux
officiels, composés de juges officiels, dont les
décisions étaient confirmées et exécutées par
l'autorité de l'État.

Un nouvel exemple, prouvant que les hommes
ont cru, pendant longtemps, qu'il était possible de
vivre sans le bienfait d'une justice dûment organisée,
peut être tiré de l'état de choses qui a régné en
Angleterre jusqu'en 1166, époque où Henry II fit

23

ses grandes réformes légales. Il y avait eu toute une longue période de violences, lorsque le roi substitua, à l'autorité capricieuse des seigneurs locaux, des juges et des officiers nommés par lui. Les tribunaux royaux devinrent alors le refuge du peuple. Par l'établissement des circuits judiciaires et l'introduction du jury dans la procédure des tribunaux, la justice royale fut mise à la portée de la nation tout entière. Les nobles se plaignirent de cette innovation, mais le royaume, qui avait été le théâtre de crimes et de désordres incroyables, très nuisibles à son développement économique, entra ainsi dans la voie de la prospérité.

Quelque médiocre que soit notre admiration pour l'esprit de l'impérialisme, représenté par les conquêtes napoléoniennes, nous ne songeons pas à nier que bon nombre des États du continent européen aient recueilli un bénéfice analogue des réformes légales et judiciaires introduites par l'empereur Napoléon Iᵉʳ. Au commencement du xixᵉ siècle, on pratiquait encore la torture comme méthode de procédure judiciaire; une multitude de petits États conservaient leurs grossières lois locales, reposant sur la coutume féodale, et étaient administrés de la façon la plus arbitraire.

Lorsque nous observons combien le progrès de l'organisation judiciaire à l'intérieur de l'État a été lent et difficile, nous ne sommes pas étonnés

qu'on ait si longtemps considéré comme impossible,
pour les forces humaines, de l'étendre aux relations
internationales. Et l'importance de l'entreprise
nous frappe encore davantage, lorsque nous nous
rappelons combien la conception de la justice elle-
même a été longue à s'établir. Il nous semble
aujourd'hui presque incroyable que des poursuites
aient continué à être exercées jusqu'en l'année 1793,
pour le crime purement imaginaire de sorcellerie ;
et, que, dans un même siècle et dans un même
pays, plus de cent mille victimes aient été brûlées
vives, après avoir avoué, pour échapper à la torture,
des délits invraisemblables tels que celui de
chevaucher dans les airs à cheval sur un manche
à balai, ou d'avoir signé un pacte avec Satan, voire
même d'en avoir eu des enfants. On croyait si fer-
mement à la réalité de ces choses impossibles, à
la légitimité de la méthode consistant à obtenir
la preuve par la torture, au droit parfait que
donnait la justice de punir les auteurs de ces
crimes imaginaires par la mort sous sa forme la
plus barbare, que le grand juriste allemand
Thomasius n'osa pas publier ses idées sur ce sujet,
et se borna à demander si le rôle joué par Satan
dans ces actions était suffisamment prouvé.

S'il est une chose que l'histoire doive nous

1. WHITE, *Seven Great Statesmen*, New-York, 1910, pp. 113
et 161.

enseigner, c'est à comprendre que les arguments
qui s'appuient sur des pratiques et des convictions
séculaires, peut-être, mais non confirmées par
les connaissances et le jugement modernes, sont
tout à fait sans valeur, dans quelque branche de
la scien que ce soit, et principalement en
matière d morale et de jurisprudence, là où la
vérification ' si difficile à faire et où est si grande
l'influence de l'autorité dogmatique. Lorsque les
sorciers cessèrent d'être torturés jusqu'à ce qu'ils
se décidassent à confesser des erreurs, et lorsqu'on
les autorisa à défendre loyalement leur vie devant un
tribunal public, face à face avec leurs accusateurs,
il devint évident qu'il n'y avait plus de sorciers.
Une meilleure organisation de la justice débarrassa
le Brocken de ses orgies de minuit, et prouva que
de braves gens, au nom de la religion, avaient, pendant des siècles, pratiqué des cruautés telles,
qu'elles remplissent d'horreur nos imaginations.

Le droit de guerre.

Il existe actuellement, dans différents pays, un
grand nombre d'hommes excellents, qui pensent
que la solution des différends internationaux par la
méthode belliqueuse, de préférence à la méthode
juridique, est tout aussi irrationnelle que l'épreuve

de la torture et tout aussi cruelle que l'exécution pour crime de sorcellerie.

Les écrivains qui ont traité du droit international, ayant constaté que le droit qu'ont les États souverains de faire et de déclarer la guerre est, en général, admis sans objection, ont souvent repoussé avec une certaine arrogance les protestations dirigées contre la guerre, dans lesquelles ils voyaient une sorte d'impertinence, émanant de personnes sentimentales qui parlent de ce qu'elles ne comprennent qu'imparfaitement.

Pour donner un exemple de cette attitude, citons le passage suivant de l'un des écrivains les plus récents et les plus estimés qui se soient occupés de ce sujet dans les temps contemporains : « Les fanatiques de la paix internationale, dit le docteur Oppenheim, aussi bien que ces nombreux individus qui sont incapables de saisir l'idée d'un droit entre États souverains, considèrent la guerre et le droit comme incompatibles ». [1]

« Il n'est pas difficile, continue-t-il, de montrer l'absurdité de cette opinion. Étant donné que les États sont souverains, et que, par conséquent, il ne peut y avoir au-dessus d'eux aucune autorité centrale capable d'imposer l'obéissance à ses ordres, la guerre ne saurait être évitée dans tous les cas. Le droit international reconnaît ce

1. OPPENHEIM, *International Law*, Londres, 1905, II, p. 55.

fait, mais en même temps il fournit des règles
auxquelles les belligérants doivent se soumettre...
Le droit international n'objecte rien et n'a rien
à objecter contre les États qui règlent leurs différends par la guerre au lieu de les régler pacifi-
quement. Mais, s'ils se décident à faire la guerre,
ils sont tenus de se soumettre aux règles du
droit international relatives à la conduite de la
guerre et aux relations entre belligérants et États
neutres. »

Il est à craindre que les personnes à l'usage
desquelles ce passage a été écrit en soient plus
déconcertées qu'éclairées. On leur dit, d'une part,
qu'il ne peut y avoir d'autorité centrale capable
d'imposer l'obéissance à ses ordres, et, d'autre
part, que le droit international fournit des règles
auxquelles les belligérants doivent se soumettre.
Pourquoi les belligérants doivent-ils obéir à ces
règles? Pour cette seule raison qu'ils sont con-
venus d'y obéir. Mais si le droit international peut,
à la suite d'un accord, prescrire des règles relatives aux opérations de la guerre, auxquelles les
belligérants sont tenus d'obéir, pourquoi ne pourrait-il pas également, à la suite d'un accord analogue, prescrire des règles relatives aux préliminaires de la guerre, c'est-à-dire à ses motifs
légitimes et à ses conditions?

Le plus qu'on puisse dire, c'est que les États

souverains ne se sont pas mis d'accord sur ce
sujet ; mais, ainsi qu'on va le voir un peu plus loin,
ceci n'est pas tout à fait vrai, car la quasi totalité
des États souverains se sont entendus pour
apporter au moins une restriction importante au
prétendu droit de guerre. Or, si cette exception ne
permet pas encore d'affirmer que le droit international ait, en cela, limité le droit de guerre, on ne
saurait, d'autre part, soutenir que chaque État
souverain possède le droit légal de faire la guerre
à qui bon lui semble et pour telle raison qui lui
convient. La vérité est qu'il n'existe pas de règle à
ce sujet.

On ne peut dire, il est vrai, que la guerre et le
droit soient incompatibles ; mais on peut affirmer
qu'il existe une incompatibilité entre le droit de
guerre illimité et les principes de la justice ; or c'est
là ce que ceux qu'on appelle fanatiques ont dans
l'esprit, et c'est ce qu'admet l'auteur cité lui-
même, quand il dit : « Si le droit international
pouvait interdire complètement la guerre, c'est
qu'il serait plus parfait qu'il n'est aujourd'hui ».

« Théoriquement, dit l'un des hommes les plus
éminents qui fassent actuellement autorité sur le
sujet, feu William Edward Hall, le droit international doit déterminer les causes pour lesquelles
on peut légitimement entreprendre la guerre ; en
d'autres termes, il doit déterminer, aussi claire-

ment que le droit national, ce qui constitue un délit
auquel le droit puisse apporter remède. Il pourrait
aussi, et cela avec assez de raison, s'efforcer de
décourager la perpétration des délits en accordant
des droits spéciaux à un État lésé et en frappant
l'agresseur de certaines incapacités ». Mais, en fait,
il ne fait rien de tel : « Quoique le droit soit capable,
continue-t-il, de déclarer qu'un ou deux combattants
ont commis une illégalité, il serait oiseux de sa
part d'affecter d'attribuer à la guerre le caractère
d'une chose punissable, alors qu'il lui manque les
moyens de rendre ses décisions obligatoires.
L'obéissance que l'on accorde au droit doit être
volontaire ; et, lorsqu'un État a pris les armes
injustement, on ne peut espérer qu'il se laissera
imposer des punitions pour cet acte. Le droit international n'a, par conséquent, d'a tre parti à prendre
que d'accepter la guerre, sans se demander si les
origines en sont justes, comme une relation que
les deux parties sont libres de créer entre elles
si bon leur semble ; et il doit seulement se pré-
occuper de régler les effets de cette relation. Il
s'ensuit que, dans une guerre quelconque, les deux
parties sont considéréescomme occupant une position identique, et, par suite, comme possédant des
droits égaux [1] ».

1. HALL, *A Treatise on International Law*, Oxford, 1895,
pp. 63 et 64.

Jusqu'ici, donc, le droit international s'est borné à donner des règles pour la conduite de la guerre, mais ne s'est pas aventuré à en poser sur le point de savoir si une guerre particulière est ou n'est pas légale. Les deux adversaires, celui qui attaque et celui qui se défend, sont considérés comme possédant les mêmes droits.

Pour apprécier combien peu la justice est mêlée à l'affaire, cherchons à comprendre ce que, précisément, on entend par la guerre; et prenons, pour cet objet, l'excellente définition qu'en donne le docteur Oppenheim : « une lutte que livrent entre eux deux ou plusieurs États, représentés par leur force armée, en vue de se dominer l'un l'autre et d'imposer telles conditions de paix qui agréeront au vainqueur ». D'après cette définition, à laquelle il n'y a rien à objecter, le droit de déclarer et faire la guerre impliquerait, pour un État, le pouvoir illimité d'imposer sa volonté à un autre État, autant que sa force armée le lui permet.

D'où l'État tient-il ce droit? La question n'est pas : d'où l'État tient-il le droit de défendre son territoire quand il est attaqué, ou d'employer la force pour assurer le respect de la justice quand ce respect ne peut être assuré d'aucune autre manière? mais bien : d'où l'État tient-il le droit d'attaquer un autre État, pour telle raison qu'il jugera suffisante, ou pour cette seule raison que telle est sa volonté?

Inexistence du droit de guerre absolu.

Il faut, tout d'abord, noter que ce prétendu droit est exclusivement réservé à un État souverain. C'est, par conséquent, de l'attribut de la souveraineté, auquel nous nous sommes déjà attachés, qu'est supposé dériver le droit de guerre, avec la faculté d'ôter la vie, de détruire la propriété, d'imposer des indemnités pour frais de campagne, d'annexer des territoires, et autres prérogatives semblables.

Lorsque nous réduisons à ses éléments essentiels le raisonnement sur lequel repose le droit de guerre, nous trouvons qu'il aboutit à ceci : la souveraineté, ou pouvoir suprême, est la source de tous les droits possédés par l'État. Parmi ces droits se trouve celui d'user de la force, lequel, étant un attribut du pouvoir suprême, ne peut en aucune façon être limité quant à sa fin, son objet ou son autorité. Il ne peut être limité, en fait, que par l'opposition d'une force plus considérable: auquel cas, s'il est vaincu, il cesse d'être souverain et doit se soumettre au pouvoir supérieur qui l'a vaincu; ce dernier prend alors sa place, et, par suite, s'empare des droits de la suprématie, puisqu'il a prouvé qu'il était le plus fort.

Pour le droit, toutefois, le problème réel est

d'établir une relation logique entre ce système
d'éléments mécaniques et quelque chose que
l'homme puisse appeler un droit, car un droit ne
saurait être dérivé de la force brute. Mais, si l'on
suppose que c'est la force qui fait le droit, il n'y a
aucune difficulté. Or, c'est là ce que l'on supposait,
ainsi que nous l'avons vu, à l'époque où Bodin
imagina sa fameuse théorie de la souveraineté.

Mais, comme Jellinek l'a clairement montré,
l'idée abstraite de *suprema potestas*, ou pouvoir
suprême, est, en réalité, une idée purement néga-
tive[1]. Elle ne possède aucun élément positif, défini,
concret. Que peut-on entendre par la suprématie,
au sens abstrait du mot, si ce n'est le fait de
n'avoir rien au-dessus de soi? Et, si nous insistons
sur l'idée de pouvoir, prise à part, nous nous
trouvons en présence de l'idée générale de puissance efficace, sans plus. Si l'on insiste pour que
nous considérions les deux mots ensemble,
qu'est-ce donc, en termes précis, ce que l'on pourra
entendre par pouvoir suprême, si ce n'est un
pouvoir au-dessus duquel il n'est pas de pouvoir
plus grand? Mais cette définition est purement
exclusive et n'est en aucune façon compréhensive;
car on ne saurait affirmer que pouvoir suprême,
lorsqu'il s'agit de l'État, signifie *tout* pouvoir;
attendu que, s'il en était ainsi, l'État pourrait créer

1. Jellinek, *Allgemeine Staatslehre*, p. 439.

des mondes ou rendre les hommes immortels, aussi
facilement qu'il fait des lois.

Il serait incompréhensible que toute la théorie de
l'État, ainsi qu'un grand nombre des conceptions
du droit international, eussent pu s'édifier sur une
formule aussi vide, si l'histoire ne nous expliquait
comment on sut introduire dans ce concept abstrait
de souveraineté un élément positif et concret. Mais,
considérée du point de vue historique, la chose
devient très claire. Bodin identifiait l'État avec le
souverain absolu; et tous les pouvoirs concrets,
lesquels, sans aucune justification, étaient alors
considérés également comme des droits détenus par
un souverain absolu, étaient, du même coup, traités
comme s'ils étaient inclus dans le pouvoir suprême,
essence de la souveraineté. Depuis ce temps, toute
forme d'État, qui s'est considérée comme l'héri-
tière de la souveraineté, a repris à son compte
et regardé comme ses droits tous les pouvoirs
excercés jadis par le souverain absolu.

Parmi ces pouvoirs se trouve naturellement le
prétendu droit de guerre qui n'était pas contesté
autrefois quand il s'agissait d'un souverain, et qui,
même, était réclamé par d'autres que des souverains au temps où Bodin conçut sa théorie; mais
cette théorie en faisait un privilège réservé exclusivement au souverain, en tant que représentant
le pouvoir suprême.

On voit clairement combien sont illogiques, en
réalité, les prétentions fondées sur l'argument qui
veut que le droit de guerre dérive immédiatement
de la souveraineté absolue, quand on songe aux
changements qui se sont produits dans la conception de l'État depuis le xvie siècle. D'après la conception moderne, l'État, en tant qu'incarnation
du droit fondé sur des garanties, ne renferme en
lui-même aucun élément absolu quel qu'il soit.
Tout pouvoir possédé par l'État est conçu comme
relatif et limité, et cette limite est fixée par
des mesures constitutionnelles. L'État moderne
ne reconnaît pas de supérieur, mais il reconnaît
des égaux, à la fois parmi ses propres organes
constitutionnels et dans la société des États, dont
il est membre. Il est autonome, si on le considère
du dedans, et indépendant, si on le considère du
dehors; mais il a répudié l'absolutisme, pour y
substituer des pouvoirs limités, par suite de leur
coordination avec d'autres pouvoirs.

Le principe de l'inviolabilité.

Mais l'État constitutionnel — et à peu près tous
les États modernes prétendent être constitutionnels — a mis en avant un autre principe, plus fondamental que celui de l'absolutisme, qui doit neutraliser l'idée de pouvoir illimité : c'est le principe

24

d'après lequel toute personne innocente est inviolable.

Si nous nous demandons ce qui caractérise le plus essentiellement l'ensemble du mouvement constitutionnel nous trouvons que c'est cette idée, que chaque personne possède des droits naturels, droits que l'État doit reconnaître et qu'il a pour mission de protéger, non seulement contre les ennemis du dehors, mais encore, à l'occasion, contre les organes de l'État lui-même. Parmi les pouvoirs de l'État se trouve, de toute nécessité, le droit et le devoir de réprimer par la force et de punir; mais l'inviolabilité de la personne innocente à l'égard de la force publique, en ce qui concerne sa vie, sa liberté et sa propriété, est garantie par les lois organiques d'où l'État tire son existence et son autorité.

Tandis que la renonciation totale à tous droits personnels était obligatoire sous le pouvoir sans limite de l'État absolu, l'État constitutionnel est un système d'autorité limitée et coordonnée, fondé sur l'idée de droits personnels et construit en vue d'assurer la protection de ces droits.

Il est évident que le principe de l'inviolabilité, ainsi incorporé à l'État moderne, a exercé une influence sur la manière de comprendre la souveraineté. Il serait absurde de prétendre que l'État ainsi constitué possède, sans aucune cause légitime, le droit de vaincre un autre État et de lui

imposer telles conditions de paix agréant au vainqueur. L'État, comme personne juridique, est tenu
par les lois qui président à sa propre existence,
d'exiger pour lui-même, et d'accorder à tous les
États analogues à lui, l'inviolabilité qui est son
postulat le plus fondamental.

Le droit de guerre est, par suite, un droit limité,
et, même, il n'existe pas, à moins qu'il ne devienne
nécessaire d'employer la force pour faire reconnaitre un droit violé ou pour réparer un tort
infligé. Il est vrai que le droit international n'a
pas défini expressément les conditions dans lesquelles la guerre peut être légitimement déclarée et
poursuivie; et, en l'absence d'une entente à ce
sujet, on peut dire que toute espèce d'injustice
peut être commise, quant aux fins et objets de la
guerre, sans qu'il y ait là d'illégalité formelle;
mais il n'est pas contestable que l'État moderne
ne fasse violence à sa propre nature et ne répudie
ses principes constitutifs eux-mêmes, quand il entre-
prend une guerre injuste.

Il est évident, en outre, que le principe de l'inviolabilité mérite tout aussi bien d'être reconnu et
établi sur des garanties officielles, quand il s'agit du
Droit des Gens, que quand il s'agit de la Constitution
d'États séparés; et qu'il mérite le même intérêt et
la même sollicitude active dans le champ le plus
vaste que dans le champ le plus restreint.

Si, maintenant, on devait faire une loi sur ce sujet, en accord avec la nature de l'État moderne et avec les principes sur lesquels il repose, on voit clairement ce que cette loi devrait être au point de vue logique. Tout État souverain maintient son inviolabilité, parce que celle-ci est indispensable à son indépendance, et c'est un des principes bien établis du droit international que tous les États souverains sont juridiquement égaux. D'où il suit qu'en principe l'inviolabilité de tous les États souverains est universellement admise. Mais, s'il en est ainsi, le droit de guerre n'existe pas, en tant que droit de subjuguer un État souverain par la force des armes et de lui imposer telles conditions de paix qui agréeront au vainqueur. Un État souverain n'a pas le droit de prendre les armes contre un autre, à moins que ce dernier n'ait violé un droit, ou commis une injustice qui ne puisse être réparée d'une autre manière; et il ne possède pas de droit susceptible d'être reconnu, constamment et dans tous les cas, par un autre État souverain, et au nom duquel il puisse imposer arbitrairement telles conditions de paix qui agréeront au vainqueur. Il peut, en effet, commettre un tel acte de violence et infliger toute l'injustice imaginable; mais ce serait détruire toute conception du droit que de soutenir qu'un tel excès pût se justifier légalement. Il n'y a jamais eu et il n'y aura jamais d'accord général en faveur de ce principe, qu'un État a le droit d'imposer sans limite sa volonté à un autre État.

La responsabilité de l'État.

D'un autre côté, il est évident que l'État est responsable de sa conduite, car l'immunité à l'égard d'une attaque injuste suppose qu'on agira soi-même équitablement, et il serait absurde de considérer que les actes d'un État qui en lèse un autre sont à l'abri des atteintes de la justice en vertu du principe de l'inviolabilité. Ainsi que l'avait si bien dit Halleck, il y a longtemps déjà, l'obligation de rendre justice aux autres est, pour un État, une obligation absolue, dans tous les temps et dans toutes les circonstances. Aucun État ne peut, sous aucun prétexte, se relever lui-même de cette obligation[1].

La différence matérielle qui existe entre les États peut sembler à première vue entraîner une différence dans l'étendue de leurs droits et de leurs devoirs. Nous croyons, tout naturellement, qu'un grand État, ayant une population nombreuse, peut prétendre avec justice à une expansion plus étendue et à une plus grande influence sur le commerce du monde, qu'un petit État. Car il est

1. HALLECK, *International Law*, New-York, 1861, p. 272.

certain qu'une Puissance forte possède des attributs qui n'appartiennent pas à une Puissance
faible. Sous certains rapports, ce fait est indé-
niable, et il semblerait très légitime qu'une grande
Puissance maritime, telle que la Grande-Bretagne,
par exemple, jouât un plus grand rôle, quand il
s'agit de déterminer des règles devant être observées sur mer, soit en temps de paix, soit en temps
de guerre, qu'une Puissance continentale, telle que
la Bolivie, par exemple, qui n'a pas d'intérêts
maritimes à sauvegarder.

Il est vrai, également, qu'il y a différents degrés
dans la manière dont les États sont préparés à
affirmer leurs droits et à accepter leurs obligations. Il y a plus : puisque ce n'est que tout récemment que la conception juridique de l'État a été
reconnue et en partie réalisée, il doit, semble-t-il,
y avoir quelques communautés politiques qui ne
sont pas encore suffisamment consolidées et développées pour y adhérer. Il y a des États neufs, et
aussi quelques vieux États encore en train d'évo-
luer, auxquels il pourrait être impossible de compter sur un ferme appui de leurs propres citoyens,
quand il s'agirait d'accepter les obligations et
d'accomplir les devoirs imposés par les principes
de la stricte justice internationale.

En ce qui concerne de telles communautés politiques, incomplètement développées, il peut être

encore impossible, en fait, d'adopter et d'appliquer une forme de justice internationale plus parfaite que celle qui existe déjà. Pour ces États, sans aucun doute, il y a beaucoup de questions qui ne peuvent être résolues que de la manière dont les questions de ce genre ont toujours été résolues, à savoir par une lutte pour la vie, sous forme d'un conflit entre des prétentions obstinées. Les nations se sont formées par un processus d'évolution, lequel, peut-être, doit se poursuivre, car c'est la seule manière dont des États responsables puissent être créés; et il se peut que de telles communautés aient encore besoin d'une discipline très sévère pour acquérir les qualités de confiance en soi qui sont l'essence de l'État moderne.

Mais, en admettant que nous fassions une exception pour ces communautés politiques imparfaites, jusqu'au jour où elles auront acquis une stabilité intérieure suffisante pour pouvoir garantir effectivement leurs engagements envers l'extérieur, il existe des Puissances qui ont atteint leur maturité, la parfaite maîtrise de soi et le sens de la responsabilité absolue. Celles-ci sont préparées, ainsi qu'elles l'ont prouvé par leur esprit de justice, leur modération et leur amitié réciproque, à échanger des garanties de justice. La question de vie ou de mort, vraisemblablement, ne s'élèvera pas entre elles. Elles sont liées les unes aux

autres par de communs intérêts, moraux et économiques, et par la commune reconnaissance des
grands principes du droit, dont elles font constamment l'application.

Subordination de l'État aux principes juridiques.

Il a été reconnu de plus en plus, pendant les
vingt ou trente dernières années, qu'un État constitutionnel peut, sans porter atteinte à sa souveraineté, soumettre la question de ses droits et de
ses devoirs à une décision judiciaire impartiale.

En commentant la Constitution des États-Unis,
M. Justice Story a montré, il y a longtemps, que,
quelque libérales que soient les dispositions de
notre loi fondamentale, tendant à réaliser l'intention d'établir la justice mentionnée dans le préam-
bule, un citoyen qui a été lésé par le gouvernement des États-Unis ne peut faire valoir ses
griefs devant les tribunaux, et doit attendre, s'il
veut, à toute force, obtenir justice, l'action tardive
du pouvoir législatif. Il oppose cette condition aux
dispositions plus larges de la Constitution britannique, au sujet de laquelle il fait cette observation :
« En Angleterre, si quelque personne a une juste
réclamation à faire au roi en matière de propriété,
elle n'a qu'à adresser à sa cour de chancellerie ce
que l'on appelle une *pétition de droit*, et le chance-

lier lui rendra justice : théoriquement, par une
grâce, et sans y être forcé ; en fait, pour obéir à un
devoir constitutionnel. » Et le savant commentateur
ajoute : « Assurément, ce ne peut être un agréable
sujet de réflexion pour un citoyen américain, fier
de ses droits et de ses privilèges, que de voir,
dans une monarchie, l'organe judiciaire muni de
larges pouvoirs pour accorder réparation, contre la
Couronne, au plus humble des sujets, sur une
question de contrat privé ou de propriété, tandis
que, dans une république, toute espèce de réparation est radicalement refusée à un citoyen, en
des cas semblables, par suite des modalités de la
procédure judiciaire. Le citoyen peut se plaindre,
mais il ne peut forcer l'autorité à l'entendre. La
république jouit d'une souveraineté despotique, en
vertu de laquelle elle agit ou refuse d'agir, selon
qu'il lui plaît, et elle est placée au-dessus de la
portée de la loi. Le monarque s'incline devant la
loi, et est forcé de déposer ses prérogatives au pied
du trône de la justice[1]. »

Il est bien évident que le jurisconsulte distingué
que nous venons de citer considérait la conception
de la souveraineté ainsi incorporée dans notre Constitution, comme étant, à cet égard, exagérée, et
trouvait qu'il eût été plus conforme aux exigences de

1. STORY, *Commentaries on the Constitution of the United
States*, II, pp. 475-478

la justice et à la conscience du devoir constitutionnel
de prendre des dispositions pour que les réclamations au sujet des torts faits par l'État pussent être
portées devant un tribunal. Toutefois, c'est plutôt
en vue de la convenance pratique, qu'en vertu
d'une conception différente du devoir, que les
hommes qui ont tracé notre Constitution ont omis
cette disposition. Jamais ils ne mirent en doute
que le mal fait par l'État à une personne privée ne
dût être réparé en quelque manière; mais ils lais-
sèrent au Congrès le soin de faire la réparation,
dans chaque cas particulier; car cette assemblée,
unie au pouvoir judiciaire, représente la souveraineté de la nation; et son action, comme celle du
chancelier anglais, est l'exécution d'un devoir constitutionnel, accompli d'une autre manière. Mais
l'expérience a prouvé que, pour cet objet, il serait
désirable d'avoir une cour de justice légalement
constituée; et, en conséquence, une cour des réclamations (*Court of Claims*) a été constituée à
Washington par la loi du 24 février 1855, et a enfin
reçu sa forme actuelle, sauf quelques amende-
ments ultérieurs, par la loi de 1863.

Les pays les plus civilisés, y compris toutes les
grandes Puissances, ont suffisamment développé
leur sens de la responsabilité juridique, pour pouvoir soumettre les questions concernant les obligations de la nation, non seulement à leurs propres

tribunaux, mais aussi à des tribunaux internationaux; et, en cela, ils trouvent qu'ils n'ont en
aucune façon diminué leur autonomie et leur indépendance. Nous pouvons, par conséquent, abandonner avec la plus parfaite assurance l'idée selon
laquelle la soumission d'un État souverain à un tribunal international équivaudrait, en quoi que ce
soit, à l'abdication de sa souveraineté[1].

Progrès de la justice internationale.

Ainsi, par des degrés à peine sensibles, l'État
moderne est arrivé à reconnaitre ce fait, qu'il
est, non seulement une personne juridique, mais
encore une personne justiciable. Une ancienne
maxime du Droit des Gens établissait qu'un État
souverain ne pouvait, sans son propre consentement, être rendu responsable devant la justice;
mais on n'a jamais soutenu qu'il fût en aucune
façon contraire à la dignité d'un État de compa-
raitre devant une cour de justice pour donner des
explications sur sa conduite et en accepter les responsabilités, à cette seule condition de le faire
librement.

Et, non seulement les États modernes ont com-

1. Voir sur ce point le clair exposé du professeur Philipp
Zorn. *Das deutsche Reich und die Internationale Schiedsge-
richtbarkeit*, Berlin, 1911.

paru à plusieurs reprises devant des uges, mais
c'est maintenant la coutume de le faire. Des
affaires d'une grande importance, impliquant non
seulement de gros intérêts pécuniaires mais de
grands principes légaux, ont été jugées de cette
manière. Le différend qui s'était élevé entre les
États-Unis et la Grande-Bretagne touchant les
réclamations relatives à l'Alabama fut un des
premiers cas importants réglés selon ce procédé.
L'histoire du développement de l'arbitrage international, avec la liste complète des cas où les
États-Unis y ont été mêlés, jusqu'en 1898, a été
publiée, dans une œuvre monumentale, par un professeur distingué de l'Université Columbia (New-
York)[1]; mais ce fut seulement à partir de la Première Conférence de La Haye, en 1899, que le mouvement prit vraiment un caractère international et
régulier. Dans les cinq années qui suivirent,
63 conflits internationaux furent soumis à l'arbitrage[2]. Avant la Deuxième Conférence de La Haye,
33 traités d'arbitrage obligatoire différents furent
enregistrés par le Bureau du Conseil administratif
de la Cour permanente d'arbitrage de La Haye.
Deux de ces conventions stipulent l'arbitrage obli-

1. MOORE, *History and Digest of the International Arbitra-*
tions to which the United States has been a Party, Washington, 1898.
2. DARBY, *Modern Pacific Settlements*, Londres, 1904, p. 134-
153.

gatoire pour tous les différends sans exception[1].
Depuis la Deuxième Conférence de La Haye, le
nombre des traités d'arbitrage s'est beaucoup accru,
et, à la fin de l'année 1909, il s'élevait à 288.

La Deuxième Conférence de La Haye discuta
tout au long le projet d'un traité général d'arbitrage obligatoire; mais, bien que la Conférence fût
unanime pour reconnaître le principe de l'arbitrage
obligatoire, et que les délégués de trente-deux
pays fussent d'avis de l'adopter dans certains cas,
neuf seulement étant d'un avis contraire et trois
s'étant abstenus, il fut impossible d'obtenir l'unanimité en faveur de ce projet[2].

Si donc on ne peut dire que l'arbitrage obligatoire ait été adopté pour une catégorie donnée
de cas, il n'est pas douteux que, dans les cas qui
ont un caractère strictement juridique et qui ne
touchent, ni à l'honneur national, ni aux intérêts
vitaux du pays, l'arbitrage serait volontairement
demandé par la plupart des nations civilisées,
sans menace aucune d'un appel aux armes.

---

1. Ces conventions sont : celle qui fut conclue entre le
Danemark et la Hollande, le 12 février 1904 ; et celle qui
intervint entre le Danemark et l'Italie, le 16 décembre 1905.

2. Ceux qui votèrent contre, dans la commission chargée
d'examiner la proposition, furent : l'Allemagne, l'Autriche-
Hongrie, la Belgique, la Bulgarie, la Grèce, le Monténégro,
la Roumanie, la Suisse et la Turquie. Ceux qui s'abstinrent
furent : l'Italie, le Japon et le Luxembourg. Tous les autres
États se déclarèrent favorables au projet.

Mais l'... .ni. cation réelle du progrès récent, relatif à la .... internationale, ne se trouve ni dans les obligations générales ni dans les obligations spéciales que les États modernes ont ainsi déjà assumées officiellement : elle se trouve dans l'incontestable caractère juridique des droits et des devoirs internationaux. Il est aisé de comprendre l'hésitation et la répugnance des gouvernements, s'il s'agit de se soumettre à des règles d'action prescrites, alors que les circonstances n'imposent pas encore strictement cette conduite. L'utilité des conférences internationales ne doit donc pas être mesurée uniquement aux conventions qui en résultent immédiatement, mais, pour une large part aussi, aux principes incontestés qui ressortent des discussions auxquelles elles donnent lieu ; car ces dernières donnent une indication sur la voie dans laquelle on peut espérer que s'engagera l'avenir. Le progrès de la civilisation est, sans doute, grandement favorisé par les faits accomplis, mais il ne l'est pas moins par le courant irrésistible de l'opinion publique. Une cause remporte une grande victoire le jour où elle devient capable d'affirmer que les principes sur lesquels elle repose ne sont plus contestés ouvertement.

Il fut un temps où les hommes d'État les plus sages considéraient l'unité absolue de foi religieuse comme nécessaire à la paix et au salut de l'État ;

et des guerres de religion féroces ont été engagées
d'après cette conviction. Ce fut un grand triomphe
pour la civilisation d'avoir pu établir par l'expérience, et d'une façon incontestable, que cette
conviction était erronée, et que les croyances religieuses les plus divergentes pouvaient, non seulement vivre côte à côte en se tolérant les unes les
autres, mais même s'unir pour soutenir, effectivement et loyalement, un même gouvernement,
comme leur commun protecteur.

Limitation de l'emploi de la force armée.

Mais l'action commune officielle, enregistrée
dans une convention solennelle, a, dès à présent,
dépassé cette doctrine, que l'État moderne est une
personne justiciable, ayant pour devoir d'en appeler
à un tribunal international avant de recourir à
l'emploi de la force. Ce principe fut adopté dans
la discussion de la Deuxième Conférence de La Haye
concernant la limitation de l'emploi de la force
pour le recouvrement des dettes contractuelles, et
dans la convention elle-même. Le texte de cette
convention à une telle importance que le premier
article doit en être cité ici dans son entier; le
voici :

« Les Puissances contractantes sont convenues
de ne pas avoir recours à la force armée pour le

recouvrement des dettes contractuelles réclamées au gouvernement d'un pays par le gouvernement d'un autre pays, comme dues à ses nationaux.

« Toutefois cette stipulation ne pourra être appliquée quand l'État débiteur refuse ou laisse sans réponse une offre d'arbitrage, ou, en cas d'acceptation, rend impossible l'établissement du compromis, ou, après l'arbitrage, manque de se conformer à la sentence rendue. »[1]

Qu'est-ce donc qui ressort clairement de cette convention en ce qui concerne le droit de guerre? 1° qu'un État doit être traité comme inviolable, pourvu qu'il admette qu'il est justiciable; 2° qu'il est du devoir d'un État d'admettre qu'il est justiciable, même lorsque le droit d'un particulier est en jeu; et, 3°, que le droit de guerre traditionnel doit être limité, de manière à s'appliquer uniquement au cas de déni de justice.

Il est évident que cette convention marque un des pas les plus décisifs qu'une action isolée ait jamais accomplis dans la voie du progrès, en ce qui concerne le droit international. Elle se débarrasse avec succès de toutes les objections théoriques qui se sont élevées périodiquement contre la possibilité de résoudre les différends internationaux

1. *La Deuxième Conférence de la Paix*, 1907, Actes et Documents, I; et Scott, *The Hague Peace Conferences*, II, p. 357 et 358.

par les méthodes juridiques. Nous en mesurons
toute l'importance quand nous considérons qu'avant
qu'elle fût négociée, on réclamait le droit d'écraser
par la force une nation débitrice, et d'occuper son
territoire jusqu'à ce qu'elle se fût acquittée, c'est-
à-dire pour toujours peut-être, sans établir judi-
ciairement la réalité de l'obligation, non plus que
le montant de la dette alléguée. Par conséquent,
la voie était ouverte à l'injustice sous sa forme la
plus flagrante, et cette injustice recevait la sanction nominale du droit international.

Sans doute, il n'est pas du tout scrupuleux, de
la part d'un gouvernement débiteur, de nier ses
dettes, ce qui suppose la ruine d'honnêtes gens
ayant, imprudemment peut-être, engagé leurs
économies dans des valeurs garanties par ses
promesses; mais que dirons-nous de l'emploi des
armées de terre et de mer pour obliger des populations sans défense à payer des dettes purement
fictives? Un État moderne devrait reculer de honte
et d'horreur plutôt que de réclamer des millions de
dollars par la voix du canon, là où quelques milliers
seulement lui sont réellement dus, voire même là
où il n'a le droit de rien réclamer du tout. Dans un
cas où l'on eut recours à l'arbitrage, les plaignants
réclamaient plus de 8 millions de dollars; mais la
commission chargée de faire droit aux réclamations,
après avoir entendu les témoins, accorda seulement

25.

600.000 dollars environ [1]; et, dans un autre cas important, on accorda moins d'un dixième de la somme réclamée [2].

Certes, de telles contestations, qui nous présentent, d'un côté, la réparation d'un tort sur la demande d'un plaignant lésé, et, de l'autre côté, la juste indignation d'un débiteur faussement accusé, sont particulièrement propres à produire des complications politiques à longue portée, notamment dans les cas où les intérêts de plusieurs nations sont compromis. A considérer ces litiges on saisit l'avantage incalculable qu'il y aurait à pouvoir soumettre tous les cas de ce genre à une cour de justice légalement constituée.

Établissement de cours internationales.

Il n'est pas étonnant, par conséquent, qu'un immense intérêt se soit manifesté à la Deuxième Conférence de La Haye, quand il s'est agi d'établir, non seulement une cour internationale des Prises pour régler des questions de capture sur mer en temps de guerre, mais encore une cour permanente de justice arbitrale, à laquelle les différends d'autre nature pourraient être soumis sans retard en temps de paix. La convention pour la création de

1. RALSTON, *Report on the Venezuela Claims*, Washington, 1906.
2. DARBY, *Modern Pacific Settlements*, p. 113.

la cour des Prises fut négociée avec succès et
adoptée par la conférence; mais la convention pour
l'établissement de la cour de justice arbitrale eut
un sort moins heureux. Comme un projet tendant
à établir cette cour d'une autre manière est actuellement l'objet d'une négociation officielle, il ne
convient pas de discuter la question ici; mais il
n'est peut-être pas hors de propos de faire remarquer que le plan proposé avait été élaboré par des
jurisconsultes de la plus haute autorité; que la
façon dont il était conçu et formulé a rencontré
l'approbation générale; et que, s'il n'a pas abouti,
c'est uniquement à cause de la difficulté qu'il y a à
concilier les désirs de tous les États, quant à la
nomination des juges. Le fait le plus important à
ce sujet est l'accord presque général avec lequel on a
admis qu'il était conforme au caractère d'une cour
internationale d'employer les méthodes de la jurisprudence plutôt que celles de la diplomatie, en d'autres termes de faire dériver ses jugements de l'esprit
de justice plutôt que de l'esprit de conciliation.

On ne saurait mettre en doute que la diplomatie
internationale ne soit destinée à jouer un plus grand
rôle dans les relations des États souverains entre
eux qu'elle n'a fait jusqu'ici; car ces relations
réclament une continuité d'attention absolument
indispensable; et, étant donné la multiplication
des intérêts internationaux, lesquels s'étendent

maintenant sur toute la surface du globe, la science exigée des diplomates, et les objets auxquels cette science doit être appliquée, sont incomparablement plus étendus qu'ils n'ont jamais été dans le passé. La tâche du diplomate, par suite, grandira, au lieu de diminuer, mais le caractère de cette tâche sera différent. Elle comportera désormais moins d'intrigue, mais un plus grand respect des principes juridiques. L'existence d'un tribunal international ne diminuera en rien le rôle de la diplomatie, lequel consistera principalement à régler les affaires internationales en dehors du tribunal, exactement comme le représentant de gros intérêts financiers, ou, simplement, tout homme d'affaires intelligent, essaye de régler ses affaires de manière à éviter les procès.

Toutefois, le tribunal international devra s'appuyer sur le droit et non sur la diplomatie, en partie parce que la diplomatie aura déjà fait son œuvre avant qu'un cas ne soit soumis au tribunal international, et que ce dernier sera, par conséquent, tenu de faire ce que la diplomatie n'aura pas réussi à faire; mais, en partie aussi, afin de fixer l'idée directrice selon laquelle la diplomatie doit accomplir sa tâche, en sachant bien que le tribunal est là pour dire que, si elle ne l'a pas accomplie dans un esprit de loyauté, ses prétentions ne seront pas confirmées.

La justice internationale réclamée par le monde des affaires.

Étant donné l'extension considérable qu'a prise le commerce international, ainsi que la création d'industries internationales, le besoin d'une juridiction entre les particuliers et les gouvernements étrangers est devenu presque aussi pressant que celui d'une juridiction entre les différents États. C'est ce que l'on a bien compris, lorsqu'on a préparé le projet de la cour internationale des Prises. Jusqu'ici les questions de capture sur mer ont été réglées par les cours nationales; mais les désavantages de cette méthode sont trop évidents pour avoir besoin d'être mentionnés. D'après l'article IV de la convention de la cour des Prises, l'appel à cette cour peut émaner d'un individu neutre, si le jugement rendu par la cour nationale l'a lésé dans sa propriété, et peut même, sous certaines conditions, émaner d'un individu, sujet ou citoyen d'un pays ennemi.

Mais la cour des Prises, devant limiter son action aux cas qui se produisent en temps de guerre, a beaucoup moins d'importance qu'un tribunal d'arbitrage, destiné aux cas, beaucoup plus nombreux et variés, qui sont susceptibles de se produire en temps de paix. Les progrès concernant la rapidité des transports et la communication des nouvelles ont converti le monde entier en un immense marché. Parallèlement au développement du commerce international s'est produit le développement du crédit international. Tous les gros marchands, tous les gros banquiers et un grand nombre de gros manufacturiers, sans parler des grandes lignes de transport maritime, sont devenus ou sont en train de devenir internationaux. Dans les moments de gêne, les banques de Paris viennent au secours de celles de Londres et les banques de Berlin viennent au secours de celles de New-York, et cela en dehors de toute relation politique. Le capital n'a pas de patrie; et, répondant à son appel, le travail ne tarde pas à le suivre. Toutes ces grandes entreprises plaident pour la paix, et sont bien plus désireuses d'être placées sous la protection de la justice que sous celle des armées de terre et de mer.

A mesure qu'un ensemble d'intérêts commerciaux ou industriels s'aperçoit que ses intérêts prennent un caractère international, il comprend mieux l'importance d'une justice internationale et il se met en quête de meilleures garanties pour être sûr d'obtenir une telle justice. Dans un article récent, d'un intérêt peu commun, feu le Dr Richard Freund, de Berlin, fournit une démonstration en règle en faveur de la création d'un tribunal international d'arbitrage pour la solution des différends entre les particuliers et les États étrangers : « Il n'est pas étonnant, dit-il, que les questions relatives aux relations internationales deviennent chaque année de plus en plus importantes, et que des problèmes toujours nouveaux, et jusqu'ici inconnus, se posent dans ce domaine, devant le droit international.... Ce droit n'était, dans les premiers temps, qu'un accessoire de la politique, mais il est en train de se transformer en droit des relations internationales »[1].

« Tandis, continua-t-il, qu'il y a peu de temps on ne manifestait, en Allemagne, que peu d'intérêt pour ce progrès gigantesque,... il semble qu'il doive en être autrement aujourd'hui, si l'on considère que l'on témoigne un intérêt plus vif à l'établissement d'un droit des relations internationales... Dans un mémoire adressé par le doyen de la corporation des marchands de Berlin au chancelier de l'Empire, au sujet de l'établissement d'un tribunal d'arbitrage international pour régler les litiges entre les particuliers et les pays étrangers, la misérable insuffisance du *status* légal actuel est dépeinte de manière énergique, avec des textes à l'appui, émanant de personnes d'une haute autorité »[2].

1. *Der Tag*, Berlin, 8 décembre 1910.
2. *Correspondenz der Aeltesten der Kaufmannschaft von Berlin*, 31 octobre 1910.

L'opportunité qu'il y aurait à ajouter cette
fonction à celles du tribunal permanent de
La Haye a été soutenue en Allemagne par nombre
d'experts très considérés, et l'on trouve un précédent à cet égard dans les dispositions de la convention pour la création d'une cour internationale des
Prises, que nous avons citées plus haut. .

Résumé et conclusion.

Nous touchons maintenant au terme de la tâche
que nous avons entreprise. Nous avons essayé de
jeter quelque lumière sur le problème de l'organisation du monde au point de vue juridique, tel
qu'il se pose aujourd'hui, c'est-à-dire tel qu'il
résulte de la nature de l'État moderne.

La marche que nous avons suivie a tendu à
montrer que l'État moderne est particulièrement
bien adapté pour entrer dans une organisation du
monde au point de vue juridique. Nous avons vu
qu'il est, avant tout, une incarnation du droit; qu'il
est une personne juridique, possédant des droits et
des obligations; que ses fonctions, comme promoteur de la prospérité générale, ne lui ôtent rien
de son caractère juridique; qu'il est membre d'une
société où tous sont égaux devant le droit; qu'il
est soumis à des lois positives librement acceptées;
qu'il est un instrument de garanties, destinées à

assurer la paix et la sécurité à la société des États;
que, même comme Puissance armée, autorisée à
employer la force pour sa défense et pour le maintien de ses droits, il est soumis à des règles dans
l'exercice de ce pouvoir; enfin que, sans rien
abdiquer de son autonomie ni de son indépendance, il est légalement responsable de sa conduite, conformément aux principes de la justice.

Nous avons vu, en outre, que les fondements
d'une organisation juridique de la paix ont été plus
complètement posés qu'on ne l'eût cru possible il
y a seulement vingt ans; et l'utilité des mesures
déjà prises a été démontrée par l'expérience. Ces
mesures comprennent : 1° une convention générale des Puissances, s'engageant « à favoriser de
tous leurs efforts le règlement à l'amiable des
conflits internationaux »; 2° une convention pour
recommander les « bons offices ou la médiation
d'une ou de plusieurs Puissances amies », afin de
prévenir la guerre ou d'y mettre fin, convention à
laquelle on eut recours avec succès à la conférence
de Portsmouth quand fut signée la paix entre la
Russie et le Japon; 3° une convention pour recommander la création de commissions internationales d'enquête, commissions auxquelles on eut
recours avec succès, lors de l'incident de la mer
du Nord, lorsque des vaisseaux de guerre russes
tirèrent, par erreur, sur des bateaux de pêche

26

anglais; et, 4°, une déclaration par laquelle les Puissances « reconnaissent l'arbitrage international comme le moyen le plus efficace et en même temps le plus équitable de régler les litiges qui n'ont pu être résolus par les voies diplomatiques, lorsqu'il s'agit, soit de questions présentant un caractère juridique, soit de l'interprétation des traités ».

Conformément aux principes ainsi adoptés officiellement, les Puissances contractantes ont entrepris de maintenir une cour permanente d'arbitrage, accessible en tout temps, pourvue d'un bureau qui sert de greffe, placée sous le contrôle d'un Conseil administratif permanent, et munie d'un code de procédure soigneusement élaboré. De plus, grâce à la générosité d'un éminent philanthrope, un monument, fort bien approprié à sa destination, va être prochainement terminé à La Haye, en vue d'abriter la cour permanente.

Il pourrait sembler, par conséquent, que l'organisation juridique de la paix ait été déjà bien réellement établie. Elle l'a été en principe, mais non en fait. La clef de voûte manque encore à l'arche presque complète. Toutes les conventions, toutes les recommandations contenues dans les mesures que nous venons de citer sont caractérisées par cette expression : « autant que les circonstances le permettront », laquelle montre bien que la construction tout entière peut être considérée, selon les préférences de chacun des signataires, ou comme une solide réalité, ou comme une création n'existant que dans le pays des rêves.

Et pourtant il ne manque qu'une phrase, pour que tout le problème de l'organisation du monde soit résolu, à savoir une garantie mutuelle, par laquelle les États souverains s'engageraient à ne pas recourir à la force l'un contre l'autre, tant que les ressources de la justice, contenues dans ces conventions, n'ont pas été épuisées.

Une telle garantie sera-t-elle jamais consentie? Il appartient aux gouvernements de répondre à cette question. Nous avons entrepris ici une enquête purement scientifique, et nous n'avons pas mission de présenter un programme politique. Nous ne voulons pas davantage nous aventurer dans une prophétie individuelle. Nous pouvons toutefois conclure de cette étude que le développement de l'État moderne a grandement facilité l'entente mutuelle entre les nations, et a, tout à la fois, approfondi et élargi leur sens de la communauté. Cette évolution n'est pas encore terminée, et personne ne saurait dire actuellement quel en sera le résultat définitif. Mais, s'il nous est permis de juger de l'avenir d'après les transformations qui se sont opérées pendant les trois cents dernières années, nous sommes en droit d'espérer que les énergies de l'humanité se détourneront de plus en plus des projets et préparatifs tendant à leur mutuelle destruction, et se consacreront de plus en plus à l'effort commun pour vaincre le vice, la misère, la maladie et l'ignorance, ces communs ennemis de tous les hommes.

FIN

TABLE DES MATIÈRES

Pages

Préface de M. Louis Renault.   V

Chapitre I. — L'État comme incarnation du droit   1

Premières aspirations vers le règne du droit. — Le droit inhérent à la Société. — Lois naturelles, morales juridiques. — L'État moderne comme principal champion du droit. — Organisation progressive de la force par le droit. — Danger que présente l'omnipotence de l'État. — Prétention de l'État à primer le droit. — L'état d'anarchie internationale. — Genèse et développement de l'État. — Théorie de l'absolutisme chez Machiavel. — Conception de la souveraineté chez Bodin. — Place de l'État dans l'ordre juridique.

Chapitre II. — L'État comme personne juridique.   38

L'existence de droits naturels posée par Althusius comme un postulat. — L'idée de droit imposée par la nature, selon Grotius. — L'État conçu par Pufendorf comme une personne morale. — L'État considéré comme une personne. — Relation de l'État à la loi morale. — Insuffisance de la loi morale en ce qui concerne l'État. — Prétendue indépendance de l'État à l'égard du droit. — Nécessité d'interpréter la loi morale. — L'homme d'État et la moralité dans la politique. — — Moralité publique et moralité privée.

Chapitre III. — L'État comme promoteur de la
prospérité générale   79

*Le devoir de l'État envers ses membres. — L'État et
son gouvernement. — La défense des intérêts nationaux. — Le développement d'une conscience nationale. — Le gouvernement comme curateur de l'État.
— La fonction de la diplomatie. — Dangers résultant
d'avantages* in posse. — *Devoirs de l'État comme
entité juridique. — Prétendu égoïsme fondamental de
l'État. — Les maximes classiques de la diplomatie.
— L'élément nouveau de l'État moderne. — Nécessité
de garantir la justice.*

Hapitre IV. — L'État comme membre d'une
société   115

*Influence unificatrice de l'Église. — La société des Etats
reconnue par Suarez. — La mise de l'étranger hors
la loi à l'époque primitive. — Reconnaissance progressive des droits des étrangers. — Développement
de la conscience de soi-même dans la société des
Etats. — La guerre de Trente Ans et le traité de
Westphalie. — Signification du traité de Westphalie.
— Influence des nouvelles théories de gouvernement
sur la société des Etats. — Influence de la doctrine
de Locke sur l'idée de souveraineté. — Contribution
de la théorie de Locke à l'établissement d'une société
des Etats. — Le mandat confié par l'homme à ses gouvernants.*

Apitre V. — L'État comme soumis à une loi
positive. . . . . :   156

*Qu'est-ce que la civilisation ? — L'État comme mesure
de la civilisation. — Unité fondamentale de la civilisation. — Naturalistes et positivistes. — Les adhérents de Grotius. — Idée que se faisait Wolf de la
société des Etats. — Rôle de la jurisprudence en diplomatie. — Nature et autorité du droit international.
— Projet d'une codification du droit international. —
Evolution contemporaine du droit international. —
Soumission de l'État au règne du droit.*

CHAPITRE VI. — **L'État comme instrument de garanties** . . . . 1.

Les garanties de l'équilibre international. — Imperfections du système de l'équilibre. — Le principe de la fédération. — Obstacles à une fédération générale. — Les limitations de l'indépendance. — Intervention et surveillance internationales. — Le principe de la neutralisation. — Les relations juridiques entre États indépendants. — Compatibilité de l'État moderne avec le système des garanties juridiques internationales. — Limites et bases des garanties internationales.

CHAPITRE VII. — **L'État comme puissance armée.** 22

Valeur de la vertu militaire. — Rôle de la force dans la civilisation. — Le mouvement tendant à limiter les armements. — Attitude de la Première Conférence de La Haye à l'égard de la justice internationale. — Triomphe de l'idée juridique en 1907. — La conception juridique comme manquant encore d'une forme organique. — La paix armée. — Réglementation pacifique de la guerre. — L'organisation juridique de la paix. — Profits et pertes de la guerre. — La guerre est-elle inévitable?

CHAPITRE VIII. — **L'État comme personne justiciable.** 26

Evolution de la justice organisée. — Le droit de guerre. — Inexistence du droit de guerre absolu. — Le principe de l'inviolabilité. — La responsabilité de l'État. — Subordination de l'État aux principes juridiques. — Progrès de la justice internationale. — Limitation de l'emploi de la force. — L'établissement de cours internationales. — La justice internationale réclamée par le monde des affaires. — Résumé et conclusion.

9787. — Paris. — Imp. Hemmerlé et Cⁱᵉ. — 3-12.

2° PSYCHOLOGIE ET PHILOSOPHIE

BINET (A.), directeur de Laboratoire à la Sorbonne. **L'Ame et le Corps** (7e mille).

BINET (A.). **Les idées modernes sur les enfants** (10e mille).

BOHN (Dr Georges), directeur de laboratoire à l'Ecole des Hautes-Etudes. **La Naissance de l'Intelligence** (10 figures) (5e mille).

BOUTROUX (E), de l'Institut. **Science et Religion** (12e mille).

CRUET (J.), avocat à la cour d'appel. **La Vie du Droit et l'impuissance des Lois.**

DAUZAT (Albert), docteur ès lettres. **La Philosophie du Langage.**

GUIGNEBERT (C.), chargé de cours à la Sorbonne. **L'Evolution des Dogmes** (6e m.).

HACHET-SOUPLET (P.). **La Genèse des Instincts.**

HANOTAUX (Gabriel), de l'Académie française. **La Démocratie et le Travail.**

JAMES (William), de l'Institut. **Philosophie de l'Expérience** (6e mille).

JAMES (William). **Le Pragmatisme.**

JANET (Dr Pierre), professeur au Collège de France. **Les Névroses** (6e mille).

LE BON (Dr Gustave). **Psychologie de l'Éducation** (15e mille).

LE BON (Dr Gustave). **La Psychologie politique** (9e mille).

LE BON (Dr Gustave). **Les Opinions et les Croyances** (7e mille).

LE DANTEC (Félix). **L'Athéisme** (10e mille).

LE DANTEC (Félix). **Science et Conscience** (6e mille).

LE DANTEC (Félix). **L'Égoïsme** (6e mille).

LEGRAND (Dr M.-A.). **La Longévité à travers les âges.**

LOMBROSO. **Hypnotisme et Spiritisme** (6e mille).

MACH (E.). **La Connaissance et l'Erreur.**

MAXWELL (Dr J.). **Le Crime et la Société** (5e mille).

PICARD (Edmond). **Le Droit pur** (5e mille).

PIERON (H.), Maître de Conférences à l'Ecole des Hautes-Etudes. **L'Evolution de la Mémoire.**

REY (Abel), professeur agrégé de philosophie. **La Philosophie moderne** (8e mille).

VASCHIDE (Dr). **Le Sommeil et les Rêves.**

3° BEAUX-ARTS ET HISTOIRE

AVENEL (Vicomte Georges d'). **Découvertes d'Histoire sociale** (6e mille).

BIOTTOT (Colonel). **Les Grands Inspirés devant la Science. Jeanne d'Arc.**

BOUCHE-LECLERCQ (A.), de l'Institut, professeur à la Sorbonne. **L'Intolérance religieuse et la politique.**

BRUYSSEL (E. van), consul général de Belgique. **La Vie sociale** (6e mille).

CAZAMIAN (Louis), maître de Conférences à la Sorbonne. **L'Angleterre moderne** (5e mille).

CHARRIAUT (H.), chargé de mission par le Gouvernement français. **La Belgique moderne** (6e mille).

COLIN (J.), Chef d'Escadron d'Artillerie à l'Ecole supérieure de Guerre. **Les Transformations de la Guerre.**

CROISET (A.), membre de l'Institut. **Les Démocraties antiques** (7e mille).

DUBUFE (G.). **La Valeur de l'Art.**

GENNEP (A. van). **La Formation des Légendes.**

HARMAND (J.), ambassadeur. **Domination et Colonisation.**

HILL (David Jayre), ancien ambassadeur des Etats-Unis à Berlin. **L'Etat moderne et l'Organisation internationale.**

LICHTENBERGER (H.), professeur adjoint à la Sorbonne. **L'Allemagne moderne** (10e m.).

MEYNIER (Commandant O.), professeur à l'Ecole militaire de Saint-Cyr. **L'Afrique noire.**

NAUDEAU (Ludovic). **Le Japon moderne, son Evolution** (8e mille).

OLLIVIER (Émile), de l'Académie française. **Philosophie d'une Guerre (1870)** (6e mille).

OSTWALD (W.), professeur à l'Université de Leipzig. **Les Grands Hommes.**

PIRENNE (H.), professeur à l'Université de Gand. **Les Anciennes Democraties des Pays-Bas.**

ROZ (Firmin). **L'Energie américaine** (5e mille).

Bibliothèque de Philosophie scien'' que

DIRIGÉE PAR LE Dr GUSTAVE LE BON

I° SCIENCES PHYSIQUES ET NATURELLES

BERTIN (L.-E.), de l'Institut. **La Marine moderne** (54 figures).

BIGOURDAN, de l'Institut. **L'Astronomie** (50 figures).

BLARINGHEM (L.), chargé de cours à la Sorbonne. **Les Transformations brusques des êtres vivants** (49 figures).

BOINET (Dr), prof' de Clinique médicale. **Les Doctrines médicales** (6e mille).

BONNIER (Gaston), de l'Institut. **Le Monde végétal** (23 figures) (8e mille).

BOUTY (E.), de l'Institut, prof' à la Sorbonne. **La Vérité scientifique, sa poursuite.**

BRUNHES (B.), professeur de physique. **La Dégradation de l'Energie** (6e mille).

BURNET (Dr Etienne), de l'Institut Pasteur. **Microbes et Toxines** (71 fig.) (3e mille).

COLSON (Albert), professeur à l'Ecole Polytechnique. **L'Essor de la Chimie appliquée.**

COMBARIEU (J.), chargé de cours au collège de France. **La Musique** (9e mille).

DASTRE (Dr A.), de l'Institut, professeur à la Sorbonne. **La Vie et la Mort** (12e mille).

DELAGE (Y.), de l'Institut et GOLDSMITH (M.). **Les Théories de l'Evolution** (6e mille).

DEPÉRET (C.), Cor' de l'Institut. **Les Transformations du Monde animal** (7e mille).

GUIART (Dr), professeur à la Faculté de médecine de Lyon. **Les Parasites inoculateurs de maladies** (107 figures).

HÉRICOURT (Dr J.). **Les Frontières de la Maladie** (8e mille).

HÉRICOURT (Dr J.). **L'Hygiène moderne** (10e mille).

HOUSSAY (F.), professeur à la Sorbonne. **Nature et Sciences naturelles** (6e mille).

JOUBIN (Dr L.), professeur au Muséum National d'Histoire naturelle et à l'Institut océanographique. **La Vie dans les Océans.**

LAUNAY (L. de), de l'Institut. **L'Histoire de la Terre** (10e mille).

LAUNAY (L. de). **La Conquête minérale.**

LE BON (Dr Gustave). **L'Évolution de la Matière**, avec 63 figures (24e mille).

LE BON (Dr Gustave). **L'Évolution des Forces** (42 figures) (13e mille).

LE DANTEC (F.), chargé de cours à la Sorbonne. **Les Influences Ancestrales** (10e mille).

LE DANTEC (F.). **La Lutte universelle** (8e mille).

LE DANTEC (F.). **De l'Homme à la Science** (6e mille).

MARTEL, directeur de *La Nature*. **L'Évolution souterraine** (80 figures) (6e mille).

MEUNIER (S), professeur au Muséum. **Les Convulsions de l'Ecorce Terrestre** (35 figures) (5e mille).

OSTWALD (W.). **L'Évolution d'une Science, la Chimie** (7e mille).

PICARD (Émile), de l'Institut, professeur à la Sorbonne. **La Science moderne** (10e mille).

POINCARÉ (H.), de l'Institut, prof' à la Sorbonne. **La Science et l'Hypothèse** (20e mille).

POINCARÉ (H.). **La Valeur de la Science** (10e mille).

POINCARÉ (H.). **Science et Méthode** (9e m.).

POINCARÉ (Lucien), directeur au Ministère de l'Instruction publique. **La Physique moderne** (13e mille).

POINCARÉ (Lucien). **L'Electricité** (10e mille).

RENARD (Ct). **L'Aéronautique** (68 figures) (6e mille).

RENARD (Ct). **Le Vol mécanique, les Aéroplanes.**

2° PSYCHOLOGIE ET PHILOSOPHIE

Voir la liste des ouvrages page 3 de la couverture.

3° BEAUX-ARTS ET HISTOIRE

Voir la liste des ouvrages page 3 de la couverture.

1123. — Paris. — Imp. Hemmerlé et Cie. — 4-12.

www.ingramcontent.com/pod-product-compliance
Lightning Source LLC
Chambersburg PA
CBHW050501270326
41927CB00009B/1851